THE VISUAL
DICTIONARY OF
SOCIOLOGY
key persons & concepts

社会学用語図鑑

人物と用語でたどる社会学の全体像

プレジデント社

社会学用語図鑑

プレジデント社

CONTENTS

| 本書の使い方 | 010 |
| 社会理論の展開 | 012 |

近代の幕開け

▶年　表 — 016

▶人物紹介

オーギュスト・コント ｜ カール・マルクス	018
ハーバート・スペンサー ｜ ウィリアム・グラハム・サムナー	019
フェルディナント・テンニース ｜ ソースティン・ヴェブレン	020
エミール・デュルケーム ｜ ゲオルグ・ジンメル	021
ジョージ・ハーバート・ミード ｜ マックス・ウェーバー	022
チャールズ・クーリー ｜ ロバート・E・パーク	023
マルセル・モース ｜ モーリス・アルヴァックス	024
エルトン・メイヨー ｜ ロバート・M・マッキーヴァー	025
ホセ・オルテガ・イ・ガセット ｜ アーネスト・バージェス	026
アントニオ・グラムシ ｜ ヴァルター・ベンヤミン	027
カール・マンハイム ｜ マックス・ホルクハイマー	028
ルイス・ワース ｜ エーリヒ・フロム	029

▶用語解説

社会学	コント	030
実証主義	コント	032
三段階の法則	コント	034
社会進化論	スペンサー	036
生産関係	マルクス	038
資本家階級 ｜ 労働者階級	マルクス	040
疎外	マルクス	042
階級闘争	マルクス	043
上部構造 ｜ 下部構造	マルクス	044
イデオロギー	マルクス	045
唯物史観	マルクス	046
エスノセントリズム	サムナー	048

項目	人物	ページ
誇示的消費	ヴェブレン	049
ゲマインシャフト｜ゲゼルシャフト	テンニース	050
社会的事実	デュルケーム	052
社会化	デュルケーム	054
アノミー	デュルケーム	056
機械的連帯｜有機的連帯	デュルケーム	058
自殺の4類型	デュルケーム	060
社会実在論｜社会唯名論	デュルケームなど	062
形式社会学	ジンメル	064
価値自由	ウェーバー	066
理念型	ウェーバー	068
合理化	ウェーバー	069
プロテスタンティズム	ウェーバー	070
世俗化	ウェーバー	072
エートス	ウェーバー	073
社会的行為	ウェーバー	074
暴力の独占	ウェーバー	076
官僚制	ウェーバー	078
支配の3類型	ウェーバー	080
贈与論	モース	082
身体技法	モース	084
鏡に映った自我	クーリー	085
アイとミー	ミード	086
都市	ワース	088
アーバニズム	ワース	090
同心円モデル	バージェス	091
マージナルマン	パーク	092
インフォーマル・グループ｜フォーマル・グループ	メイヨー	093
フォーディズム	グラムシ	094
ヘゲモニー	グラムシ	095
コミュニティ｜アソシエーション	マッキーヴァー	096
大衆の反逆	オルテガ	098
批判理論	ホルクハイマー	100
権威主義的パーソナリティ	フロム	102

アウラ	ベンヤミン	104
パサージュ論	ベンヤミン	106
集合的記憶	アルヴァックス	108
知識社会学	マンハイム	110
連字符社会学	マンハイム	112

近代から現代へ

▶年表 116

▶人物紹介

ルートヴィヒ・ウィトゲンシュタイン｜アルフレッド・シュッツ	118
ハーバート・ジョージ・ブルーマー｜ポール・ラザースフェルド	119
タルコット・パーソンズ｜シモーヌ・ド・ボーヴォワール	120
クロード・レヴィ＝ストロース｜デヴィッド・リースマン	121
ロバート・キング・マートン｜マーシャル・マクルーハン	122
フィリップ・アリエス｜ダニエル・J・ブーアスティン	123
マイケル・ヤング｜チャールズ・ライト・ミルズ	124
ハロルド・ガーフィンケル｜ラルフ・ダーレンドルフ	125

▶用語解説

AGIL図式	パーソンズ	126
構造-機能主義	パーソンズ	128
コンフリクト理論	ダーレンドルフ	130
順機能｜逆機能	マートン	132
顕在的機能｜潜在的機能	マートン	133
準拠集団	マートン	134
予言の自己成就	マートン	136
中範囲の理論	マートン	138
マクロ社会学	パーソンズなど	140
ミクロ社会学	ブルーマーなど	141
シンボリック相互作用論	ブルーマー	142
現象学的社会学	シュッツ	144

項目	人物	ページ
エスノメソドロジー	ガーフィンケル	146
オピニオン・リーダー	ラザースフェルド	148
他人指向型	リースマン	150
言語ゲーム	ウィトゲンシュタイン	152
パワーエリート	ミルズ	154
インセスト・タブー	レヴィ=ストロース	156
構造主義	レヴィ=ストロース	158
メリトクラシー	M・ヤング	160
疑似イベント	ブーアスティン	162
メディアはメッセージ	マクルーハン	164
人間の拡張	マクルーハン	166
〈子供〉の誕生	アリエス	168
第二の性	ボーヴォワール	170
フェミニズム	ボーヴォワール	171

未来へ

▶ 年　表 ･･････ 174

▶ 人物紹介

	ページ
ルイ・アルチュセール｜アーヴィング・ゴッフマン	176
ジョン・I・キツセ｜ネイサン・グレイザー	177
ジャン=フランソワ・リオタール｜ジグムント・バウマン	178
ミシェル・フーコー｜イヴァン・イリイチ	179
ニクラス・ルーマン｜ハワード・S・ベッカー	180
ジャン・ボードリヤール｜ピーター・L・バーガー	181
ユルゲン・ハーバーマス｜ピエール・ブルデュー	182
イマニュエル・ウォーラーステイン｜マンサー・オルソン	183
スチュアート・ホール｜アントニオ・ネグリ	184
エドワード・サイード｜ベネディクト・アンダーソン	185
アンソニー・ギデンズ｜ジョージ・リッツァ	186
アーリー・ラッセル・ホックシールド｜ロバート・パットナム	187
ジョック・ヤング｜マニュエル・カステル	188

ガヤトリ・C・スピヴァク｜マーク・グラノヴェッター ----- 189
リチャード・セネット｜ウルリッヒ・ベック ----- 190
ジョン・アーリ｜デヴィッド・ライアン ----- 191
イヴ・セジウィック｜ディック・ヘブディジ ----- 192
ジュディス・バトラー｜マイケル・ハート ----- 193

▶用語解説

ラベリング理論 ----- ベッカー ----- 194
スティグマ ----- ゴッフマン ----- 196
ドラマツルギー ----- ゴッフマン ----- 198
公共圏 ----- ハーバーマス ----- 200
コミュニケーション的理性 ----- ハーバーマス ----- 202
生活世界の植民地化 ----- ハーバーマス ----- 203
国家のイデオロギー装置 ----- アルチュセール ----- 204
生の権力 ----- フーコー ----- 205
パノプティコン ----- フーコー ----- 206
構築主義 ----- キツセ ----- 208
集合的消費 ----- カステル ----- 210
オリエンタリズム ----- サイード ----- 212
文化資本 ----- ブルデュー ----- 214
ハビトゥス ----- ブルデュー ----- 216
弱い紐帯 ----- グラノヴェッター ----- 217
想像の共同体 ----- アンダーソン ----- 218
世界システム論 ----- ウォーラーステイン ----- 220
観光のまなざし ----- アーリ ----- 222
マクドナルド化 ----- リッツァ ----- 224
サバルタン ----- スピヴァク ----- 226
シャドウ・ワーク ----- イリイチ ----- 228
セカンド・シフト ----- ホックシールド ----- 230
感情労働 ----- ホックシールド ----- 232
フリーライダー ----- オルソン ----- 233
ポストモダン ----- リオタール ----- 234
ホモソーシャル ----- セジウィック ----- 236
ジェンダー ----- バトラー ----- 238

項目	人物	頁
サブカルチャー	ヘブディジ	240
エンコーディング｜デコーディング	ホール	242
記号的消費	ボードリヤール	244
シミュラークル	ボードリヤール	246
社会関係資本	パットナム	248
ダブル・コンティンジェンシー	ルーマン	250
複雑性の縮減	ルーマン	252
オートポイエーシス	ルーマン	254
エスニシティ	グレイザー	256
公共性の喪失	セネット	258
〈帝国〉	ネグリ	260
マルチチュード	ネグリ	262
包摂型社会｜排除型社会	J・ヤング	264
リキッド・モダニティ	バウマン	266
監視社会	ライアン	268
脱埋め込み	ギデンズ	270
再帰性	ギデンズ	272
構造化理論	ギデンズ	274
再帰的近代	ギデンズなど	276
リスク社会	ベック	278

あとがき		280
参考文献		284
索引		288

本書の使い方

本書は、どのページから読んでもOKですが、前の方のページで解説された用語は、後の方の解説で使われますので、初めから読むとストレスなくページをめくることができます。また、初めから見ていくと、近代に始まった社会学の歴史がどのような変化を遂げて現在に至ったのか、大まかな流れを理解することができます。尚、本書を用語辞典のように使う場合は、巻末の索引が便利です。

人物
本書で紹介する社会学者76名のイラストです

エリア
出身地など、この社会学者と関係の深いエリアです

セリフ
この社会学者を象徴するセリフとその解説です

アイテム
この社会学者と関係の深いアイテムとその解説です

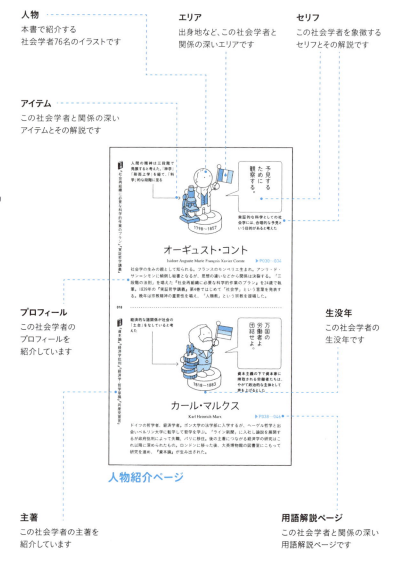

人物紹介ページ

プロフィール
この社会学者のプロフィールを紹介しています

生没年
この社会学者の生没年です

主著
この社会学者の主著を紹介しています

用語解説ページ
この社会学者と関係の深い用語解説ページです

タイトル用語
主要な社会学用語を紹介しています

カテゴリー
本書に登場するすべてのタイトル用語を10のカテゴリーに分け、アイコンで表示しています

 社会理論
 メディア

 秩序と権力
 空間と都市
 階級と階層
 文化と消費社会

 公共性とコミュニティ
 自己と相互行為
 国家とグローバリゼーション
ジェンダーとセクシュアリティ

関連人物紹介ページ
この社会学者を紹介しているページです

関連人物
タイトル用語と関係の深い社会学者のイラストです

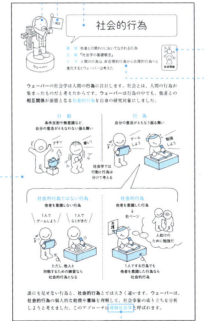

用語解説ページ

データ
[意 味]
タイトル用語の意味を一言で説明しています
[文 献]
タイトル用語が中心的に論じられている文献をあげています
[メ モ]
タイトル用語をさらに理解するために有用な知識を解説しています

解説
タイトル用語を解説しています

その他の重要用語
タイトル用語とは別の社会学用語を青文字で示しています。
重要度はタイトル用語と同じです

社会学の誕生 → 社会学の確立

マクロ社会学
P140
方法論的集団主義
社会実在論
機能主義
社会システム論

コント P018
三段階の法則 P035

マルクス P018
史的唯物論 P047

スペンサー P019
社会進化論 P037

デュルケーム P021
社会学主義 P052

テンニース P020
ゲマインシャフト
ゼルシャフト
P050

モース P024
贈与論 P083

アルヴァックス P024
集合的記憶 P108

ミクロ社会学
P141
方法論的個人主義
方法論的関係主義
社会唯名論
相互作用論

ウェーバー P022
理解社会学 P074

ジンメル P021
形式社会学 P065

ミード P022
アイとミー P087

シカゴ学派 P088
パーク P023
バージェス P026

批判理論
P101

フランクフルト学派 P100
ホルクハイマー P028
T・アドルノ 1903~1969
ベンヤミン P027

社会理論の展開

→ 様々な理論の展開 → 今日の社会学へ →

パーソンズ P120
構造-機能主義 P129

ダーレンドルフ P125
コンフリクト理論 P131

マートン P122
中範囲の理論 P139

ブルデュー P182
文化的再生産 P215

ルーマン P180
オートポイエーシス P254

ベック P190
リスク社会 P278

J・ヤング P188
排除型社会 P265

ウォーラーステイン P183
世界システム論 P221

バウマン P178
リキッド・モダニティ P266

ギデンズ P186
構造化理論 P275

意味学派 P141

シュッツ P118
現象学的社会学 P145

ガーフィンケル P125
エスノメソドロジー P147

ワース P029
アーバニズム P090

ブルーマー P119
シンボリック相互作用論 P143

ゴッフマン P176
ドラマツルギー P198

ベッカー P180
ラベリング理論 P194

構築主義 P209

バーガー P181

T・ルックマン 1927〜2016

キツセ P177

M・B・スペクター 1943〜

バトラー P193

フロム P029
権威主義的パーソナリティ P102

ハーバーマス P182
（システムによる）生活世界の植民地化 P203

構造主義 P159

レヴィ＝ストロース P121
構造主義

ポスト構造主義※ | ポストモダン P235

リオタール P178
ポストモダン

フーコー P179
パノプティコン P206

ボードリヤール P181
ハイパーリアル P247

サイード P185
オリエンタリズム P212

※ポスト構造主義：レヴィ＝ストロースの構造主義を批判しつつ継承する思想潮流

近代の幕開け

コント P018

マルクス P018

1800　1850

フランス革命(89)　南北戦争(61)

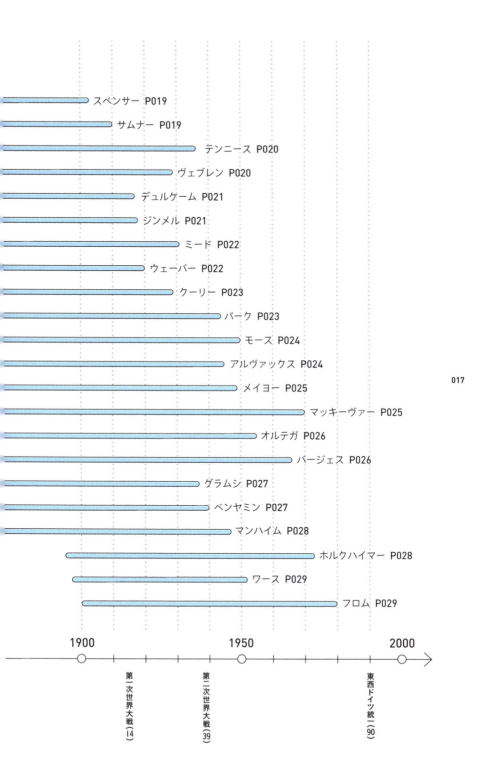

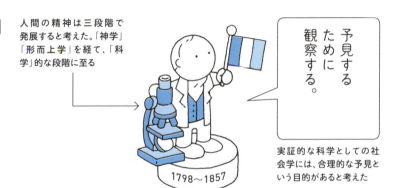

オーギュスト・コント

Isidore Auguste Marie François Xavier Comte　▶P030〜034

社会学の生みの親として知られる。フランスのモンペリエ生まれ。アンリ・ド・サン=シモンに傾倒し秘書となるが、思想の違いなどから関係は決裂する。「三段階の法則」を唱えた『社会再組織に必要な科学的作業のプラン』を24歳で執筆。1839年の『実証哲学講義』第4巻ではじめて「社会学」という言葉を発表する。晩年は宗教精神の重要性を唱え、「人類教」という宗教を提唱した。

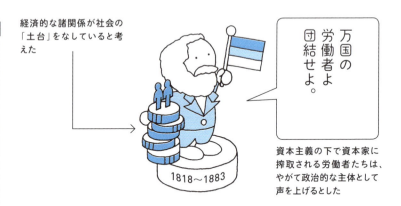

カール・マルクス

Karl Heinrich Marx　▶P038〜046

ドイツの哲学者、経済学者。ボン大学の法学部に入学するが、ヘーゲル哲学と出会いベルリン大学に転学して哲学を学ぶ。「ライン新聞」に入社し論説を展開するが政府批判によって失職、パリに移住。後の主著につながる経済学の研究はこれ以降に深められたもの。ロンドンに移った後、大英博物館の図書室にこもって研究を進め、『資本論』が生み出された。

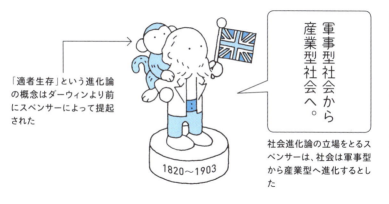

ハーバート・スペンサー
Herbert Spencer　▶P036

イギリスの哲学者、社会学者。イギリスのダービー生まれ。1830年代に鉄道技師として従事しながら執筆活動を行い、1848年に雑誌「エコノミスト」の副編集長に就任する。1853年にその職を辞して後も、晩年まで論説を発表し続けた。スペンサーの著作は当時明治期を迎えていた日本にも輸入されて広く読まれ、自由民権運動にも影響を与えた。

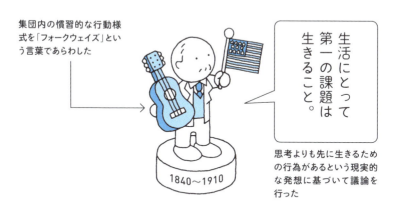

ウィリアム・グラハム・サムナー
William Graham Sumner　▶P048

アメリカの社会科学者。ニュージャージー州パターソンに生まれる。監督派の牧師として布教活動を経験、その後イェール大学の政治学・社会科学の教授となる。経済学の評論家としても活動し、社会主義や巨大な政府を批判し自由放任をかかげた。1908年にはレスター・フランク・ウォードの後を継いでアメリカ社会学会の第2代会長に就任した。

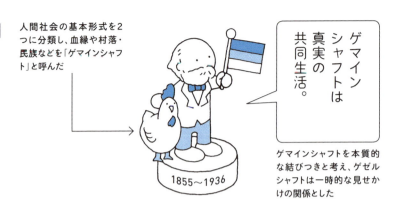

フェルディナント・テンニース

Ferdinand Tönnies　▶P050

ドイツの社会学者。ドイツのシュレースヴィヒ・ホルシュタイン生まれ。シュトラスブルク大学後、イェーナ大学、ベルリン大学、テュービンゲン大学などで学ぶ。1887年に32歳で『ゲマインシャフトとゲゼルシャフト』をあらわす。ハンブルク大学やキール大学で教授職に就き、ドイツ社会学会の初代会長をつとめる。1930年代にはナチズムを批判し、学会の会長職からも降りている。

ソースティン・ヴェブレン

Thorstein Bunde Veblen　▶P049

アメリカの経済学者、社会学者。ノルウェー移民の子としてアメリカのウィスコンシン州に生まれる。イェール大学でウィリアム・グラハム・サムナーに教わり、社会進化論に触れる。博士号取得後、一度は故郷の農場に戻るものの、34歳で再び大学に入学。1900年にシカゴ大学で助教授になった後、1906年にスタンフォード大学、1910年にはミズーリ大学へと、大学を転々とした。

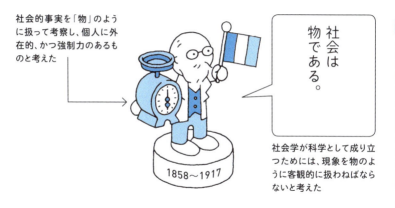

エミール・デュルケーム

Émile Durkheim　　▶P052〜062

フランスの社会学者。フランスのロレーヌ地方エピナル生まれ。リセ（高等学校）で哲学を教えた後、ボルドー大学に職を得る。「社会学年報」の刊行を機に、甥のマルセル・モースらが集う「デュルケーム学派」が形成される。息子のアンドレも言語社会学者として期待されたが第一次世界大戦に従軍して戦死、デュルケームもアンドレの死の翌々年に59歳でこの世を去った。

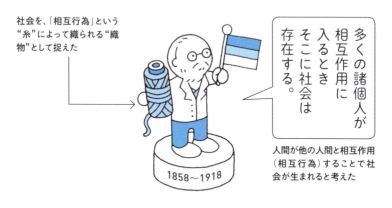

ゲオルグ・ジンメル

Georg Simmel　　▶P064

ドイツの社会学者。当時のプロイセン王国の首都ベルリンに生まれる。ベルリン大学で哲学や心理学を修める。長らくベルリン大学で私講師として教えながらも、ユダヤ人であったことや宗教的態度が相対主義的であることなどから、正教授の職はなかなか得られなかった。1914年に56歳でようやくシュトラスブルク大学で正教授となり、1918年に死去する。

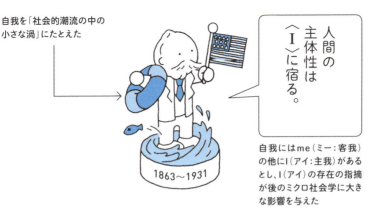

自我を「社会的潮流の中の小さな渦」にたとえた

人間の主体性は〈I〉に宿る。

自我にはme（ミー：客我）の他にI（アイ：主我）があるとし、I（アイ）の存在の指摘が後のミクロ社会学に大きな影響を与えた

ジョージ・ハーバート・ミード

George Herbert Mead　▶P086

アメリカの哲学者、社会心理学者。アメリカのマサチューセッツ州生まれ。オバーリン大学を卒業後、鉄道の測量などに従事した後、ハーバード大学に入学。28歳で赴任したミシガン大学でプラグマティズムの思想家ジョン・デューイと出会い、終生にわたる影響を受ける。ミードの業績はやがてH・G・ブルーマーなどによってシンボリック相互作用論に発展した。

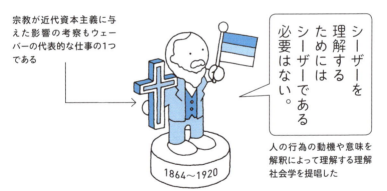

宗教が近代資本主義に与えた影響の考察もウェーバーの代表的な仕事の1つである

シーザーを理解するためにはシーザーである必要はない。

人の行為の動機や意味を解釈によって理解する理解社会学を提唱した

マックス・ウェーバー

Max Weber　▶P066〜080

ドイツの経済学者、社会学者、政治学者。ドイツのエアフルト生まれ。30歳でフライブルク大学の経済学教授となるが、神経疾患をわずらい大学を辞する。回復後は教壇に立つことはほとんどなかったが社会政策、そして社会学へと研究領域を広げる。ジャーナリズムにおいても政治的な発信を続け、第一次世界大戦後のワイマール憲法草案の作成にも関わった。

社会と自分との関係を「鏡に映った自我」という言葉であらわした

社会集団との関わりを欠いた自己を考えることはできない。

個人と社会とは相互浸透の関係にあり、分離して考えることはできないとした

1864〜1929

蔵書『Human Nature and the Social Order』『Social Organization』

チャールズ・クーリー
Charles Horton Cooley　▶P085

アメリカの社会学者。アメリカのミシガン州に生まれミシガン大学を卒業、その後もミシガン大学で経済学と社会学を教え、キャリアを故郷でまっとうする。1905年に発足したアメリカ社会学会では創立メンバーの1人となり、1918年には8代目の会長をつとめた。「第一次集団」や「社会的自我」などの基礎的な概念を提起した。

複数の社会の狭間に立ち、どこにも完全に属していない人間を「マージナルマン」という語で捉えた

実験室としての都市。

都市を、互いに異質な人々が新たな秩序を築いてゆく過程を捉えるための実験室と見た

1864〜1944

蔵書『都市』

ロバート・E・パーク
Robert Ezra Park　▶P092

アメリカの社会学者。アメリカのペンシルベニア州生まれ。大学卒業後は新聞記者として働いた後、ハーバード大学で哲学と心理学を学ぶ。その後、ドイツでゲオルグ・ジンメルに師事したことで社会学に接近する。50歳になる1914年にシカゴ大学の社会学部に招かれ、都市社会学の学派「シカゴ学派」の基礎を築く代表的人物となった。

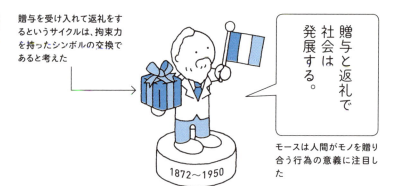

マルセル・モース
Marcel Mauss　　▶P082〜084

フランスの社会学者、文化人類学者。フランスのロレーヌ地方エピナル生まれ。エミール・デュルケームは母方の叔父にあたる。ボルドー大学でデュルケームやアルフレッド・エスピナスの指導を受け、後にデュルケーム学派の一員となる。モースの贈与論はクロード・レヴィ＝ストロースの構造主義人類学に大きな影響を与えた。

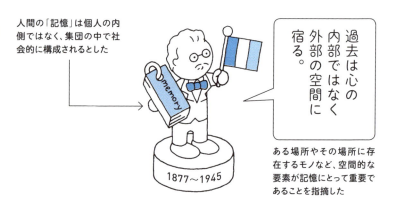

モーリス・アルヴァックス
Maurice Halbwachs　　▶P108

フランスの社会学者で、デュルケーム学派の1人。フランスのランス生まれ。アンリ＝ルイ・ベルクソンに学んだ後、デュルケームの指導を受ける。58歳でパリ大学教授となり、67歳だった1944年にはフランスの最高権威コレージュ・ド・フランスに社会心理学教授として招聘される。しかしその翌年、社会主義者であったアルヴァックスはナチス占領下のパリで逮捕され、強制収容所で死去する。

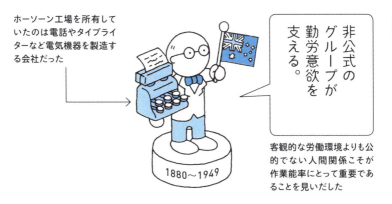

主著『産業文明における人間問題』

非公式のグループが勤労意欲を支える。

ホーソーン工場を所有していたのは電話やタイプライターなど電気機器を製造する会社だった

客観的な労働環境よりも公的でない人間関係こそが作業能率にとって重要であることを見いだした

1880〜1949

エルトン・メイヨー

George Elton Mayo　　　▶P093

オーストラリアの心理学者、産業社会学者。オーストラリアのクイーンズランド大学で教授になった後、アメリカのハーバード大学の経営大学院に招かれた。フリッツ・レスリスバーガーらとともにシカゴの工場でホーソーン実験を行い、人間的満足の側面が作業能率に影響を与えることを導き出した。産業社会学の形成に寄与したメイヨーらをハーバード学派と呼ぶ。

主著『コミュニティ』

コミュニティは共同の社会的特徴を持つ。

「コミュニティ」という言葉を村落や都市だけでなく国家規模にも適用した

「コミュニティ」という語に、共同の社会観念や慣習、共属感情などの意味を込めた

1882〜1970

ロバート・M・マッキーヴァー

Robert Morrison MacIver　　　▶P096

アメリカの社会学者。スコットランドのルイス島ストーノーウェイに生まれる。エジンバラ大学、オックスフォード大学で学び、1915年にカナダのトロント大学教授、その後バーナード・カレッジ教授を経てコロンビア大学で教鞭をとる。「コミュニティ」「アソシエーション」「社会集合」という3つの類型概念を提起し、国家論や権力論を展開した。

ホセ・オルテガ・イ・ガセット

José Ortega y Gasset　　▶P098

スペインの哲学者。スペインのマドリード生まれ。ジャーナリストの家庭に生まれ、父親が寄稿していた「エル・インパルシアル」に自身も評論を書くようになる。生涯を通して、体系的な著作を残すよりも、エッセイやジャーナリストとしての評論を手がけることに重きを置いた。1931年にスペインが共和国になると議員になり、新憲法の制定に貢献した。

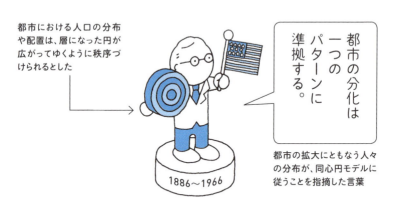

アーネスト・バージェス

Ernest Watson Burgess　　▶P091

アメリカの都市社会学者。カナダのオンタリオ州に生まれる。キング・フィッシャー大学を出た後シカゴ大学に学び、同大学に職を得た。同じくシカゴ大学社会学部のロバート・E・パークとともにシカゴ市を「実験室」に見立てて都市社会学を推進、「シカゴ学派」の中心人物となる。家族社会学や社会解体の研究にも取り組んだ。

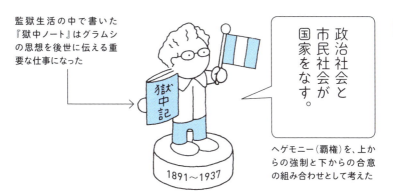

アントニオ・グラムシ

Antonio Gramsci　▶P094〜095

イタリアの思想家。イタリアのサルデーニャ島にアルバニア系移民の子孫として生まれる。トリノ大学入学後にイタリア社会党トリノ支部に入党、機関紙の執筆・編集に参加する。イタリア共産党の創設に関わり1924年に国会議員に当選するも、1926年ムッソリーニ政府により逮捕される。獄中で研究を続け大量のノートを残すがその途上で病気が悪化、46歳で脳溢血により死去する。

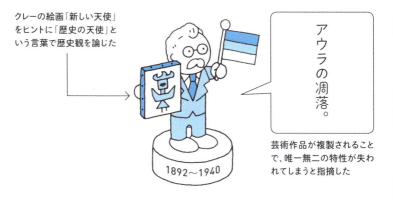

ヴァルター・ベンヤミン

Walter Bendix Schönflies Benjamin　▶P104〜106

ドイツの思想家。ユダヤ系家庭の長男として、ドイツのベルリンに生まれる。フライブルク、ベルリン、ミュンヘンで哲学を学び、スイスのベルン大学で博士号取得。批評家として活動する。1933年、ナチスの政権奪取を受けてパリへ亡命。第二次世界大戦開戦後、ナチスの侵攻から逃れるため出国を目指すが、国境を超えた後スペインで入国を拒否され、モルヒネを服用して自殺を遂げた。

主著『イデオロギーとユートピア』

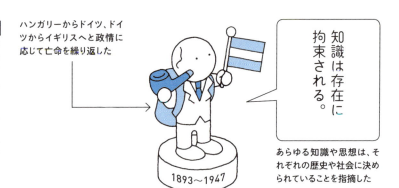

ハンガリーからドイツ、ドイツからイギリスへと政情に応じて亡命を繰り返した

知識は存在に拘束される。

あらゆる知識や思想は、それぞれの歴史や社会に決められていることを指摘した

カール・マンハイム

Karl Mannheim　▶P110〜112

ハンガリーの社会学者。ユダヤ系家庭の子としてブダペストに生まれる。ドイツに移住してアルフレート・ウェーバーなどから社会学の指導を受ける。1930年にフランクフルト大学の教授となるが、同大学のフランクフルト学派とは距離を置く立場だった。ナチスが政権を掌握すると亡命のためイギリスに渡り、ロンドン大学で教鞭をとった。

主著『啓蒙の弁証法』

ホルクハイマーが主導したフランクフルト学派は、ドイツの現代思想を牽引し続けてきた

なぜ人類は、野蛮状態へと落ち込んでいくのか？

理性や啓蒙が、なぜ平和ではなく野蛮をもたらすのかを明らかにしようとした

マックス・ホルクハイマー

Max Horkheimer　▶P100

ドイツの哲学者、社会学者。ユダヤ系ドイツ人としてシュトゥットガルト郊外に生まれる。フランクフルト大学で社会哲学の正教授になり、また「社会研究所」の所長をつとめ「フランクフルト学派」を代表する研究者となる。ナチスが政権を握るとアメリカに亡命し、コロンビア大学で活動する。テオドール・アドルノとの共著『啓蒙の弁証法』は亡命中にあらわされた。

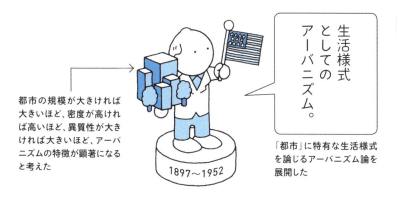

ルイス・ワース
Louis Wirth　▶P088〜090

アメリカの都市社会学者。ドイツのフンスリュック郡にある小さな村に生まれる。アメリカに移住し、シカゴ大学でロバート・E・パークやアーネスト・バージェスに指導を受け、パークらの次の世代のシカゴ学派を担う人物になった。みずからもユダヤ教徒の家系に生まれ、ユダヤ人居住区のゲットーに関する研究に力を注いだ。

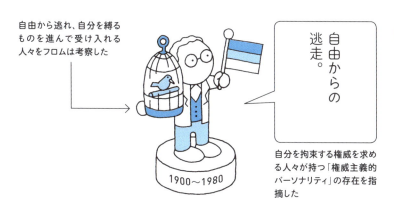

エーリヒ・フロム
Erich Seligmann Fromm　▶P102

ドイツの社会心理学者。フランクフルトのユダヤ人居住区に生まれる。ハイデルベルク大学でアルフレート・ウェーバーの指導を受ける。精神分析医としての教育も受け、フランクフルト精神分析研究所への入所をきっかけにフランクフルト学派に関わる。ナチスの台頭によりアメリカに亡命、戦後はアメリカとメキシコで暮らしながら研究・執筆活動を行った。

社会学

文　献　『実証哲学講義』
メ　モ　社会学は一般的に、近代（封建主義の後にあらわれた資本主義の時代のこと。現代も含まれる）の社会を考察する学問とされる。主に庶民の動向を知るために生まれた

フランス革命の直後、フランス社会は混乱していました。それを憂慮した**コント**は、現実を観察して混乱の原因を突き止め、**実際に証明できる客観的な社会の法則**を発見しようとしました。**原因と結果の法則（因果律）**をベースにした方法、つまり**科学**の方法を用いて、フランス社会の新しい秩序のために何をするべきかを**予見**しようとしたのです。

コントは、科学の方法で**実証的**に社会を考察することを社会学と名付けました。一般的に**社会学**はここから始まったとされています。**社会学**はその後、**デュルケーム**、**ウェーバー**、**ジンメル**らによって発展していきます。

科学の方法を用いて
実証的に社会を考察することを
社会学と呼びます

コント
P018

社会学は大雑把に
ミクロ社会学と
マクロ社会学の
2つの立場に
分けることができる

社会は何かの目的に
向かって変化していくと
私たちは考えます

スペンサー　マルクス　テンニース
P019　　　P018　　　P020

社会実在論 P063
社会というものが
実在するとする考え

社会唯名論 P063
社会とは、人間または人間関係の
集合にすぎないとする考え

マクロ社会学
P140

ミクロ社会学
P141

デュルケーム
P021

社会は物のように
実在しています
（社会的事実P052）

社会とは人間同士の
行為（相互行為）の
集まりです
（理解社会学P074）

ウェーバー
P022

パーソンズ
P120

社会が人間の
行為を決定しています
（構造-機能主義P129）

社会とは人間同士の
心的な関係（人間関係）
の集まりです
（形式社会学P065）

ジンメル
P021

ルーマン
P180

社会は生物のように
オートポイエーシス
しています
（オートポイエーシスP254）

人間の主体性が
社会を作って
いるのです
（アイP087）

ミードおよび
意味学派
P022・P141

実証主義

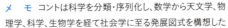

意味　実際に見聞きできる事実を根拠とする学問的立場
文献　『実証哲学講義』
メモ　コントは科学を分類・序列化し、数学から天文学、物理学、科学、生物学を経て社会学に至る発展図式を構想した

19世紀初頭のイギリスでは、科学技術を産業に取り入れたことにより、産業が飛躍的に発展していました（産業革命）。

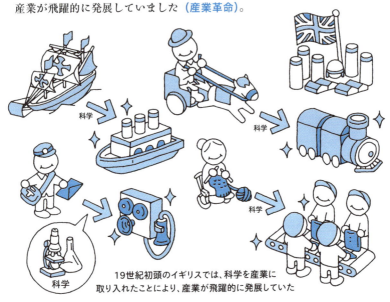

19世紀初頭のイギリスでは、科学を産業に取り入れたことにより、産業が飛躍的に発展していた

その頃フランスは、フランス革命の影響により、社会が混乱していました。

コントは、無秩序化が進むフランス社会を再組織化するためには、科学を産業にだけではなく、社会の考察にも取り入れるべきだとしました。科学的に実証できる社会の法則を発見すれば、再組織化に向けて何をすべきかを**予見**できると考えたからです。このような考えを実証主義といいます。

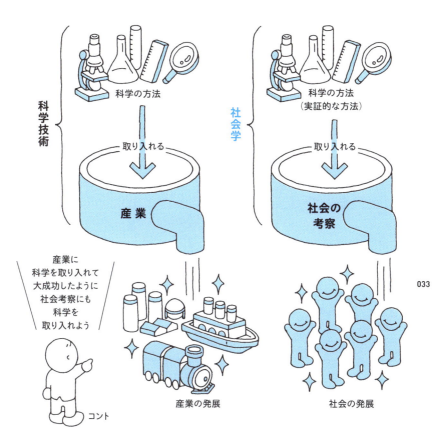

コントは実証主義に即して社会を考察することを**社会学**（P030）と名付けました。**社会学**はその後、**デュルケーム、ウェーバー、ジンメル**などによって発展していきます（P012も参照のこと）。

三段階の法則

意 味　人類の精神状態が変化する法則
文 献　『社会再組織に必要な科学的作業のプラン』
メ モ　三段階の法則の第三段階である実証的な科学を
コントは社会学(P030)と名付けた

社会理論

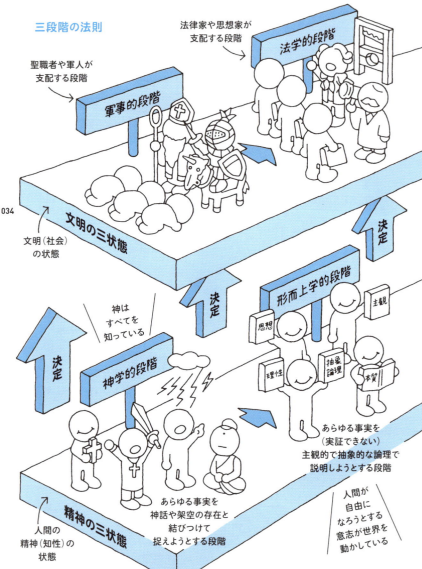

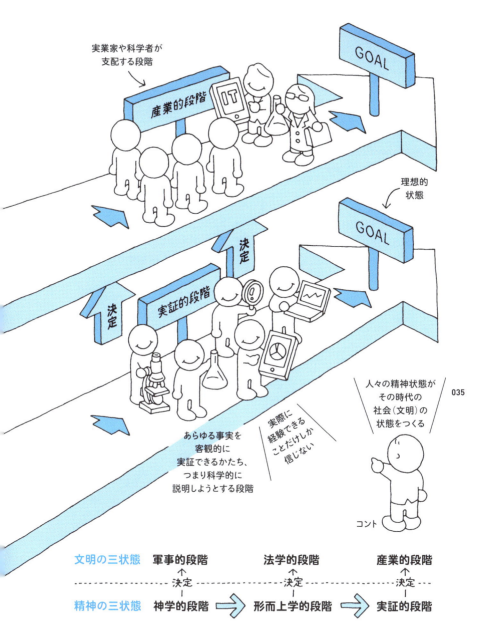

社会学(P030)という言葉を最初に唱えた**コント**は、人間の**社会**(文明)がどのような状態であるかは、その時代の人々の**精神状態**(知性)で決まると考えました。彼は人間の精神状態は神学的(宗教的)段階から形而上学的(理性的だが抽象的)段階を経て、実証的(科学的)段階へ発展していくと言います。この三段階の法則に応じて社会(文明)も、軍事的段階から法学的段階を経て産業的(工業的)段階へと発展していくと主張しました。

社会進化論

文　献　『総合哲学体系』
メ　モ　コント(P018)は、社会の構造を分析する社会有機体説などを社会静学、社会の動きを考察する三段階の法則(P035)や社会進化論などを社会動学と呼んだ

アダム・スミス(1723〜1790)は、人が自由に利益を追求すれば、結果的に社会全体の利益につながると考えました（自由放任主義）。また、ダーウィン(1809〜1882)は、生存競争に勝った者だけが生き残る自然淘汰の原理によって生物は進化すると考えました（生物進化論）。スペンサーは、この2人の説から大きな影響を受けます。

スミスの自由放任主義
個人が自由に利益を追求すれば、「神の見えざる手」に導かれ、商品は適正価格に落ち着くとするアダム・スミスの説。資本主義の基本理念である

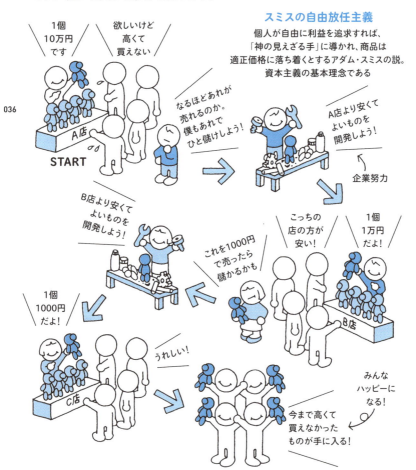

コント(P018)やスペンサーは、社会を生物のような1つの有機体と考えます（社会有機体説）。そしてスペンサーは、ダーウィンの生物進化論と互いに影響し合いながら、社会も経済競争に勝った者だけが生き残る、適者生存の原理で進化すると考えました（社会進化論）。

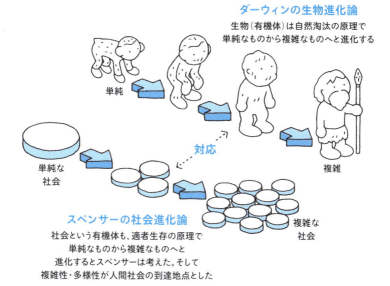

スペンサーの社会進化論によれば、人間社会は軍事型社会から産業型社会へと進化していきます。自由放任主義に基づいた産業型社会こそが、スペンサーが考える理想の社会でした。

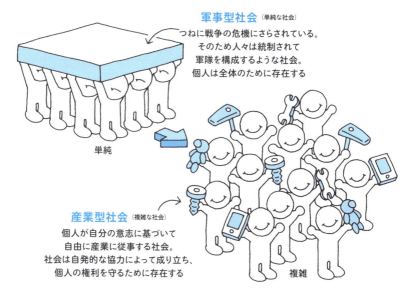

生産関係

- 意　味　生産のために人間同士が取り結ぶ関係のあり方
- 文　献　『経済学批判』
- メ　モ　下部構造(P044)である生産関係が、上部構造(P044)である人々の意識のあり方を決定する

人間が生きるためには**衣食住**が必要です。**マルクス**は、衣食住に必要なものを生産するための土地や材料などを<u>生産手段</u>と呼びます。また、生産のために取り結ぶ人間関係のことを<u>生産関係</u>と呼びます。**封建制**での領主と小作人、**資本主義体制**での資本家と労働者のように、**生産手段を持つ者と持たない者**との間に、支配と服従というかたちで**生産関係**はあらわれます。

各時代の生産関係

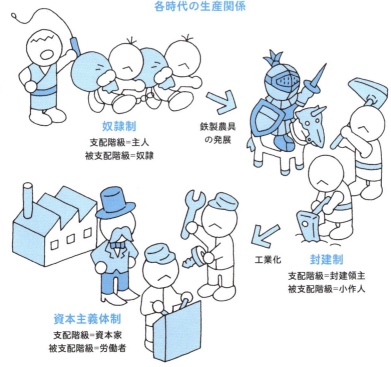

奴隷制
支配階級＝主人
被支配階級＝奴隷

鉄製農具の発展

封建制
支配階級＝封建領主
被支配階級＝小作人

工業化

資本主義体制
支配階級＝資本家
被支配階級＝労働者

生産関係は、それぞれの時代の**技術レベル**によって決まります。やがて技術レベルが進歩し、<u>生産力</u>（生産物の供給能力）が向上すると、**被支配階級が力を持ち始めます。そして被支配階級が支配階級から独立する**ことで、次の時代の**生産関係**へと移行します。

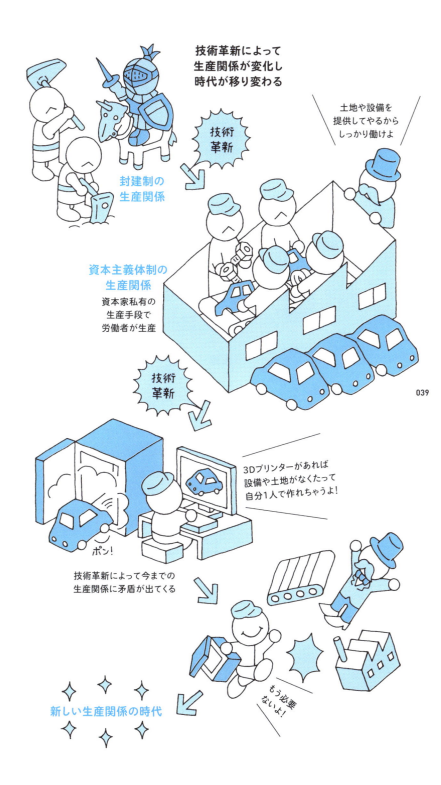

資本家階級 ブルジョアジー
労働者階級 プロレタリアート

文　献　『共産党宣言』（マルクス／エンゲルス）
メ　モ　ロシアではレーニンが労働者階級独裁をかかげ、ソビエト連邦を成立させた

封建制は終わりを告げ、領主と小作人という**生産関係**（P038）はなくなりました。けれども次に訪れた**資本主義制度**は、資本家階級と労働者階級という新しい**生産関係**を生み出してしまったと**マルクス**は言います。

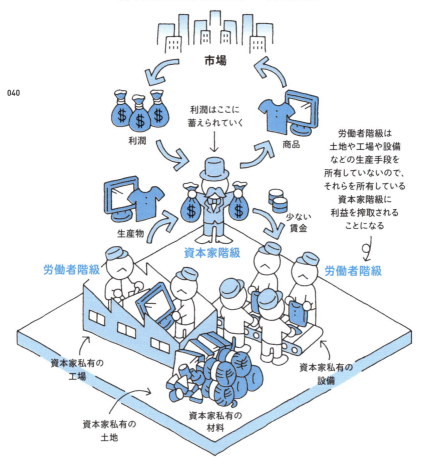

**資本主義が生み出した
資本家階級と労働者階級という支配関係**

さらに**マルクス**は、資本主義がかかげる**自由競争**（自由放任主義P036）のもとでは、資本家同士だけが利潤の追求を行い、それによって労働者が搾取され続けることになると考えました。これを避けるために、土地や工場や設備などの**生産手段**(P038)は**私有**してはならず、**公共化**するべきだと**マルクス**は主張します。

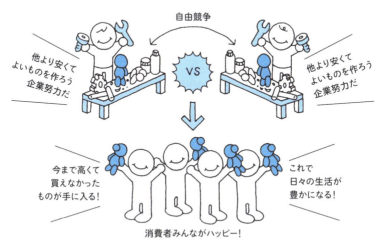

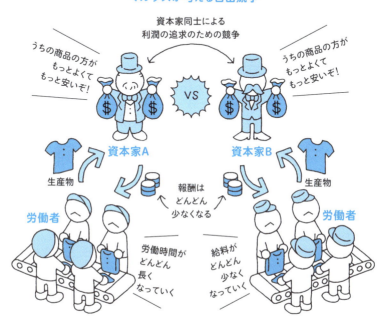

疎外(そがい)

▶018

文　献　『経済学・哲学草稿』
メ　モ　マルクスは労働の疎外を「生産物からの疎外」「生産活動からの疎外」「類的存在からの疎外」の3つに分類した

階級と階層

資本主義体制の下では、労働者は**生産手段**(P038)を持っていないので、自分の労働による生産物も、労働自体も、労働者自身のものではありません。労働者は生産物や労働自体から、疎外されている(のけ者にされている)のです。また、本来ならば、**生産活動**(労働)や生産物は、人々が連帯して生きていく(類的存在になる)ためのものですが、生産活動や生産物から疎外されるため、そうした連帯もできなくなると**マルクス**は考えました。

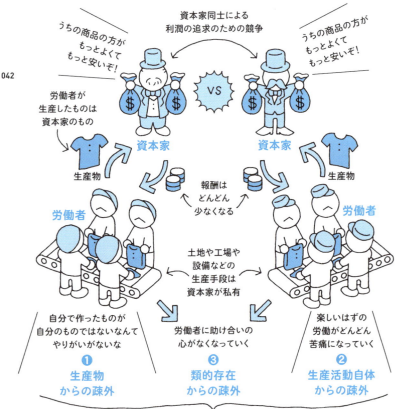

階級闘争

文　献　『共産党宣言』（マルクス／エンゲルス）
メ　モ　マルクスは人類の歴史は階級闘争の歴史だとし、階級闘争によって社会の発展が進めば、やがては階級がなくなると考えた

支配階級と**被支配階級**の**生産関係**（P038）は一度出来上がってしまうと、支配階級がその制度を維持しようとするため**固定化**します。ところが技術の進歩によって**生産力**（生産物の供給能力）が向上すると、現状の**生産関係**に不都合が生まれ、**階級闘争**が起こります。その結果、新しい生産関係の時代が生まれると**マルクス**は考えます。

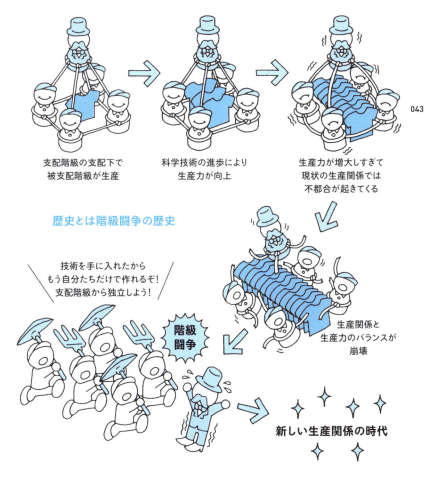

上部構造｜下部構造

文　献　『経済学批判』
メ　モ　たとえば日本の場合、下部構造すなわち経済構造は資本主義で、上部構造すなわち意識のあり方は民主主義である

マルクスは、各時代の**生産関係**（P038）による経済的な仕組みを、社会の**土台**をなす**下部構造**と捉え、この土台の上に法律、政治制度や、宗教、芸術、学問といった文化が**上部構造**として成立しているとしました。人間の意識のあり方である**上部構造**は、経済的な土台である**下部構造**によって決まるため、**生産力**が発展することで経済的な土台が変化すれば、それにともなって**上部構造**も変化すると**マルクス**は考えます。

上部構造（人々の意識のあり方）
法律、政治、道徳、文化など人の意識のあり方

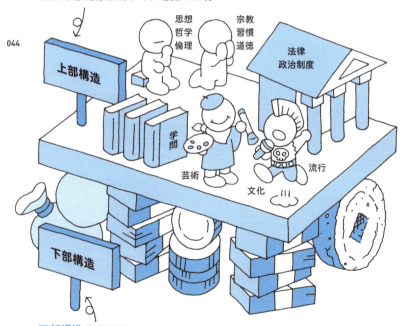

下部構造（経済構造）
各時代の生産関係による経済構造。その時代が封建的か、資本主義的か、社会主義的かなどの下部構造が、人の考え方である上部構造を決定する。たとえば、「贅沢」に対する人々の意識は、中世封建制では厳禁、社会主義では平等をけがすもの、資本主義では憧れとなることが多い。つまり、人の意識が経済構造を作るのではなく、経済構造が人の意識を作る

イデオロギー

意　味　共通の社会的条件の下で共有される観念
文　献　『ドイツ・イデオロギー』(マルクス/エンゲルス)
メ　モ　マルクスは、法、政治、道徳、文化など、上部構造はすべてイデオロギーだと考えた

自分の**思想**や**信念**は自分の意識が生み出したわけではなく、その時代の**下部構造**(P044)に決められていると**マルクス**は考えます。たとえば、**中世封建制**において贅沢は悪ですが、**資本主義体制**では悪ではありません。このように社会的な条件の下で共有される観念を**イデオロギー**と呼びます。

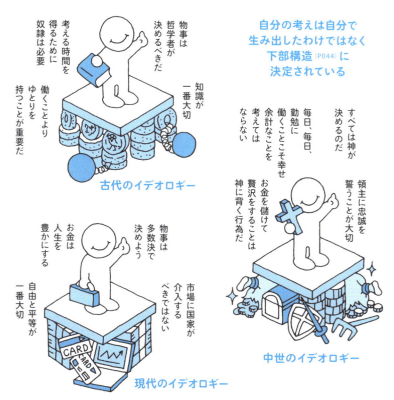

自分が生きている時代の**生産関係**(P038)を意識せずに、あたかも自分が主体的に考え出した意見のように発せられた主義主張を**マルクス**は**疑似意識**と呼んで批判しました。

マルクス

唯物史観

文　献　『経済学批判』

メ　モ　経済の発展に応じて、精神が発展していくとするマルクスの唯物史観に対し、コント(P018)は精神の発展に応じて文明が発展していく(三段階の法則P034)と考えた

社会理論

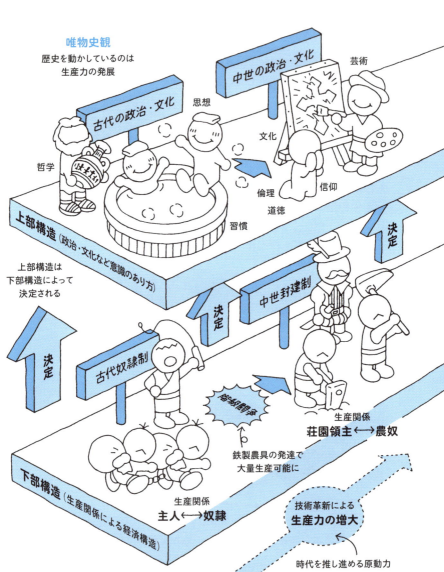

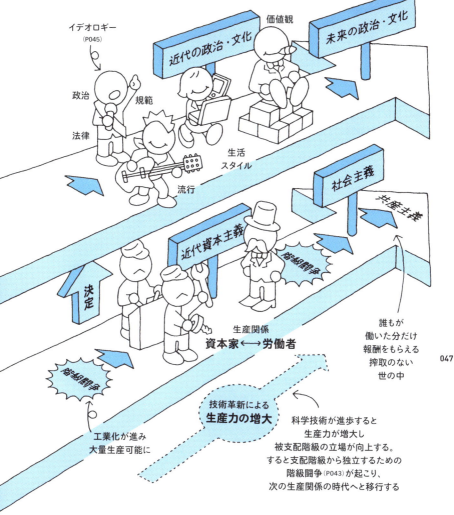

人は衣食住のために、物を生産し続ける必要があります。そのため人は、その時代の技術レベルに見合った**生産関係**(P038)を結びます。すると、**生産関係が土台**（下部構造P044）となって人の意識のあり方である**政治制度や文化**（上部構造P044）が生まれます。やがて技術の進歩により**生産力**（生産物の供給力）が増大すると、それまでの**生産関係**が維持できなくなり、**階級闘争**(P043)が起こります。こうして時代は、**奴隷制→封建制→資本主義→社会主義→共産主義**の順で進歩すると**マルクス**は考えました。このように、歴史を動かす原動力を、人の意識といった精神的なものではなく、**生産力の発展**といった**物質的**なものだと考えることを**唯物史観（史的唯物論）**といいます。

エスノセントリズム

文　献　『フォークウェイズ』
メ　モ　サムナーは「我々」の集団を内集団、「彼ら」の集団を外集団と呼んだ。エスノセントリズムとは内集団をすぐれたものと考え、外集団を劣ったものとみなす態度

国家とグローバリゼーション

サムナーは、国家権力が経済競争に介入すべきではないとする**自由放任主義**(P036)を支持しました。なぜなら彼は、国家権力が肥大化した帝国主義や軍国主義を嫌ったからです。帝国主義や軍国主義はエスノセントリズム（自民族中心主義）に基づいていると考えたのです。**エスノセントリズム**とは、自分の育ってきた集団や民族の文化をすぐれたものとし、それを基準にして他の文化や集団の人々を低く評価する態度をさします。

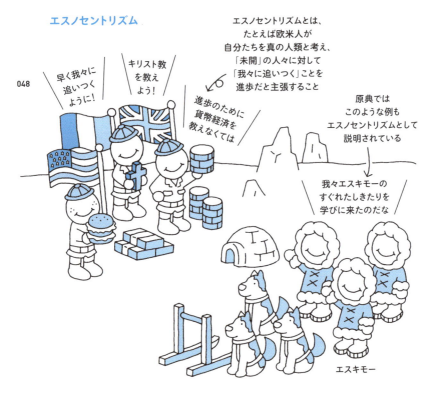

自分たちの文化に同化しない他者を受け入れ、その価値を認め、差異が差異のまま共存する社会を**サムナー**はいち早く理想としました。

誇示的消費(こじ)

文　献　『有閑階級の理論』
メ　モ　ヴェブレンは非生産的な時間の消費を誇示的閑暇(かんか)と呼ぶ。そして誇示的閑暇も誇示的消費とともに有閑階級を示す方法だとしている

文化と消費社会

現在私たちは、生活必需品の消費と同じくらい、他人との差異を生み出す**記号**の消費を行っています。

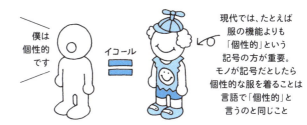

現代では、たとえば服の機能よりも「個性的」という記号の方が重要。モノが記号だとしたら個性的な服を着ることは言語で「個性的」と言うのと同じこと

こうした**記号的消費**(P244)に最初に目をつけたのが**ヴェブレン**です。初期段階の**記号的消費**は**誇示的消費**が主流でした。**誇示的消費**とは、働かなくてもよい貴族ら**有閑階級**が、財産を持っていることを示すために高価な物品やサービスなどを消費することをいいます。

誇示的消費（見せびらかしの消費）

記号的消費の初期段階は、貴族らの誇示的消費だった

やがて階級の低い人々にも世間体を保つための誇示的消費が広まった

美しいから高価なのか高価だから美しいと感じるのかわからなくなっていった…

産業社会が発達（工業化）していくにつれて、階級の低い人々の中でも、**世間体**を保つ手段として**誇示的消費**は行われるようになっていきました。

ゲマインシャフト
ゲゼルシャフト

文　献　『ゲマインシャフトとゲゼルシャフト』
メ　モ　近代的な結びつきは、真の結びつきではないと考えたテンニースに対し、デュルケーム(P021)は異なった見解をする

公共性と
コミュニティ

テンニースは人間社会の基本的なあり方を2つに分け、それぞれゲマインシャフト、ゲゼルシャフトと名付けました。本質意志によるゲマインシャフトが真の共同生活であり、選択意志によるゲゼルシャフトは一時的な外見上の共同生活だとテンニースは考えます。

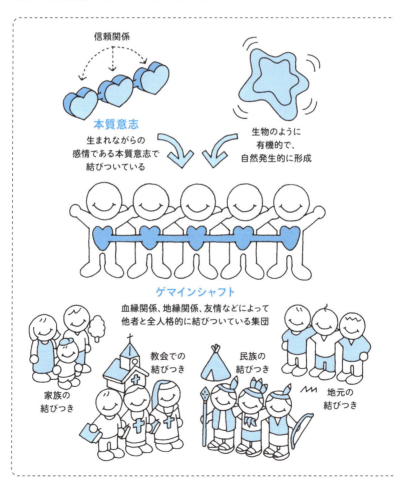

けれども**近代**（資本主義）への発展の中で、社会のあり方が**ゲマインシャフト**から**ゲゼルシャフト**へと変化するのは必然だと彼は予言しました。

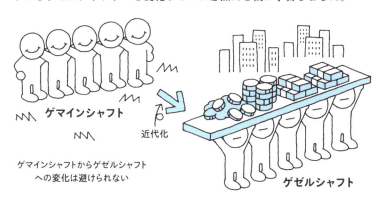

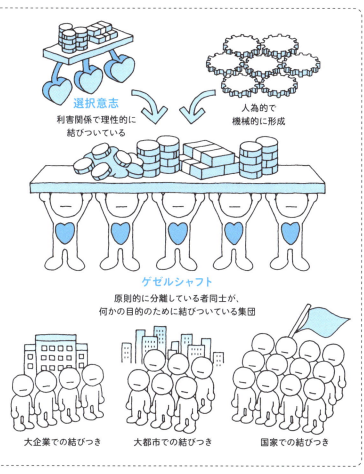

社会的事実

意　味　個人にとって外在的であり、個人を拘束するもの
文　献　『社会学的方法の規準』
メ　モ　社会的事実を社会学の研究対象とするデュルケーム学派(社会学主義)にモース(P024)やアルヴァックス(P024)がいる

「社会」は個人の心(意識)の中だけにあるのではなく、実際に物のように実在するとデュルケームは主張します。もし社会が実在しないのなら、社会学は実証的な科学にはなり得ないからです。

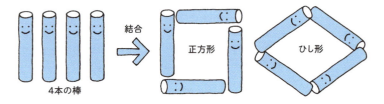

4本の棒が結びつくと、正方形やひし形など
単なる4本の棒とは別の物が生まれる。
同じように、個々人が何かしらの関係で結びつくと
個人の総和とは別の「社会」という物が生まれる

デュルケームは、個々人が結びつくと、個人の総和とは別の「社会」という物が形成されると考えました。そしてその社会が、社会みずからを維持するために、社会的事実を生むと主張しました。

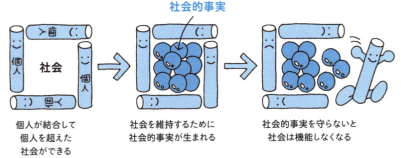

個人が結合して
個人を超えた
社会ができる

社会を維持するために
社会的事実が生まれる

社会的事実を守らないと
社会は機能しなくなる

個々人が結びついて社会ができると、
個々人の意識を超えた集合意識が生まれる。
この集合意識が社会的事実を作る

彼の言う社会的事実とは、具体的に何をさすのでしょうか?

私たちは慣習や法律など、何らかの**規範（ルール）**に基づいて行動しています。こうした規範は、自分が生み出すものではなく、自分が生まれたときから社会の中に存在しています。このように個人の外側に存在し、しかも法を犯せば犯罪者になるといったように、強制力も持っている規範のことを、**デュルケーム**は**社会的事実**と呼びました。

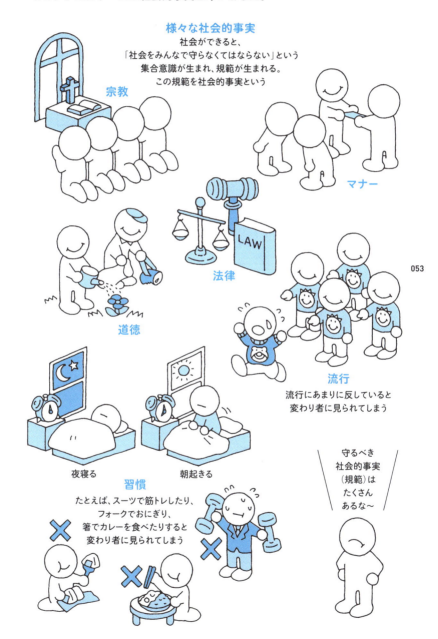

社会化

文　献　『社会学的方法の規準』
メ　モ　後にバーガー(P181)とルックマン(P013)は、幼児期の家庭内での社会化を**第一次社会化**、成熟期の学校や仕事場等での社会化を**第二次社会化**と名付けた

公共性と
コミュニティ

人間は様々な人々と接しながら、社会の**規範**(ルール)である**社会的事実**(P052)を習得して、社会人として一人前な存在になります。この過程を**社会化**といいます。

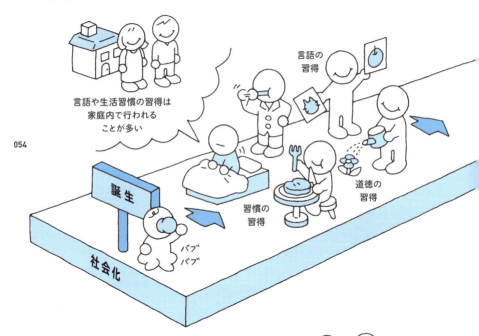

デュルケームによれば、社会は人々に**社会化**(ルールの習得)を一方的に強制します。もし個人が社会化せずに、**社会的事実**(ルール)に抵抗したならば、**社会は個人に報復や刑罰を与え始めます**。そうやって社会は安定を保っているというのが彼の考えです。

社会化しないと、周囲から反感を買う。
社会の安定はこの原理で保たれている

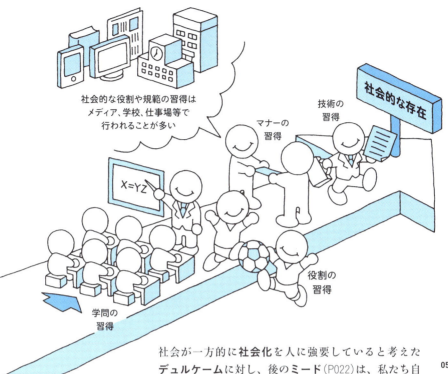

社会が一方的に**社会化**を人に強要していると考えた**デュルケーム**に対し、後の**ミード**(P022)は、私たち自身で新しい**社会**(ルール)を生み続けていると考えます。

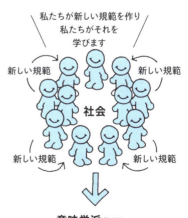

アノミー

意　味	無秩序状態、無規制状態のこと
文　献	『社会分業論』『自殺論』
メ　モ	「無法律状態(anomia)」を意味するギリシャ語をデュルケームが社会学の概念として用いた

「あれが欲しい、これが欲しい」という欲望は次々に生まれます。通常、社会の**規範や道徳**(社会的事実P052)によって欲望は抑えられています。ところが、大不況やその反対である経済の急成長で社会が混乱すると、それまでみんなの欲求を抑えていた規範や道徳が機能しなくなり、欲求が際限なく肥大化してしまいます。この状態を**アノミー**といいます。

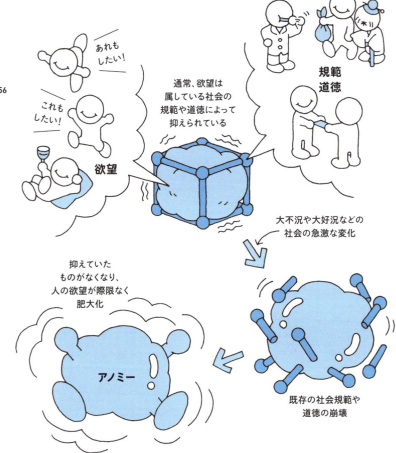

欲望が際限なく肥大化してしまうと、その欲求を叶える手段がないため、不満、焦り、絶望感などが人を襲って混乱状態になり、**アノミー的犯罪**や、**アノミー的自殺**(P060)を招くことがあると**デュルケーム**は考えます。社会情勢が変化しがちな現代は**アノミー**の時代だといえます。

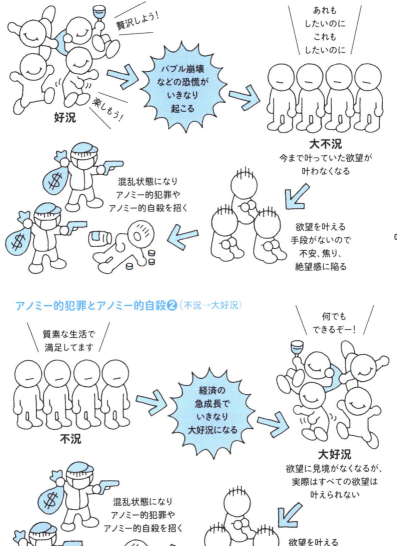

機械的連帯
有機的連帯

文　献　『社会分業論』
メ　モ　人間同士の相互行為は社会を維持するための機能だとするこの考えは、機能主義(P129)に影響を与えた

公共性とコミュニティ

デュルケームは、**近代社会**（資本主義社会）とそれ以前の社会を分けるキーワードは、**分業**だと言います。原始的な社会では人々は皆同じような生活をしていますが、人口が増えて社会が複雑になると、社会を効率よく動かすために人々の労働内容はバラバラになっていきます。これが**分業**です。

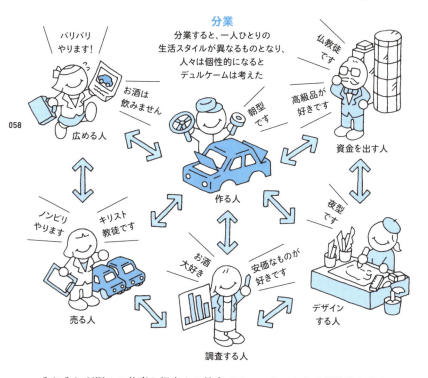

それぞれが別々の仕事を担当する社会では、一人ひとりが個性的な存在になっていきます。**デュルケーム**は個々人が異質な仕事を受け持っているからこそ、お互いに依存し合い、連帯感を生むと考えました。これを**有機的連帯（分業社会）**と呼びます。それに対して、原始的な社会のように、人々が皆同じような生活をしながら「同じ」という理由によって連帯している状態を**機械的連帯（環節社会）**と呼びます。

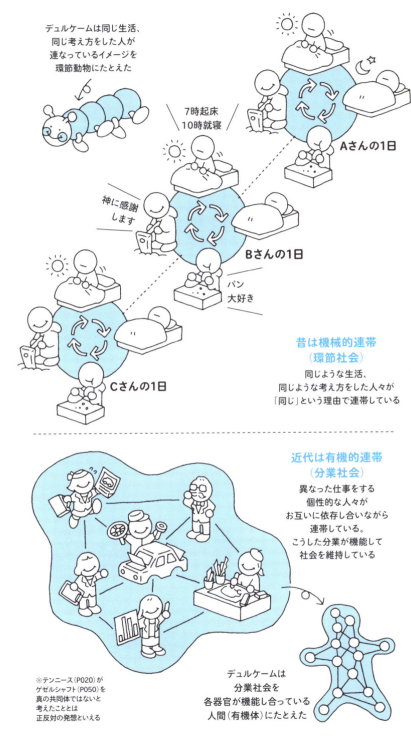

自殺の4類型

▶021

文　献　『自殺論』
メ　モ　デュルケームは、❶自己本位的自殺と❷集団本位的自殺、❸アノミー的自殺と❹宿命的自殺をそれぞれ対立する組み合わせだと考えた

社会学者であった**デュルケーム**が、自殺というごく個人的な行為を研究した理由は、自殺の原因が**社会**にあると考えたからです。各国の自殺率の順位や数値は毎年大きく変化しません。もし自殺が純粋に個人的な行為だとしたら、数値や順位は年によって大きく異なるはずです。そこには個人の意思を超えた**社会**の力が働いていると考えたのです。

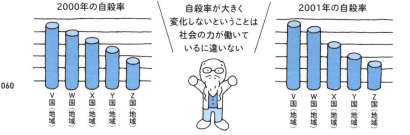

デュルケームは自殺率の統計から規則性を見いだし、個人的事情を超えた、自殺を招く社会的な要因を自己本位的自殺、集団本位的自殺、アノミー的自殺、宿命的自殺の4つに分類しました（自殺の4類型）。

❶自己本位的自殺（新しいタイプの自殺）
集団の結びつきが弱い社会で生じる自殺

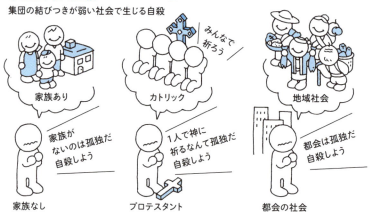

❷集団本位的自殺
集団との結びつきが強すぎる社会で生じる自殺

❸アノミー的自殺 (アノミー→P056)
大不況時に絶望したり、逆に好調時に欲望をコントロールできなくなって生じる自殺

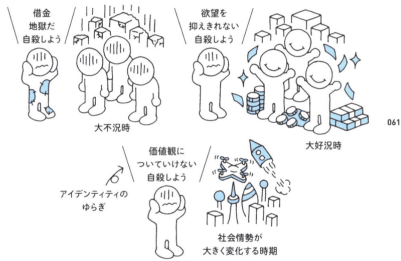

❹宿命的自殺 (古いタイプの自殺)
アノミーとは逆に伝統や慣習などで人を拘束する力が強すぎる社会で生じる自殺

デュルケームにとって、**社会**は人々に自殺を強いるほどの力を持って**実在**しているのです。

社会実在論
社会唯名論

▶021

メモ　社会学は基本的には社会実在論を前提とする。社会唯名論の多くは、その上で個人を社会よりも優位において考えようとする立場である

社会理論

社会実在論
個人とは別に社会というものが実在する

方法論的集合主義
個人が集まって社会という実在を形成していると考える立場

社会唯名論
実在するのは個人または個人と個人の関係だけであり、社会とは便宜上の名前にすぎない

方法論的個人主義
社会とは個人の集合と考える立場

方法論的関係主義
社会とは人間関係の集合と考える立場

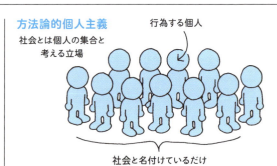

「社会」というのは単なる便宜上の名前であり、実在するのは個人または個人間の相互作用（※）だけだと考える立場を社会唯名論（社会名目論）といいます。ウェーバーやジンメルなどがこの立場です。反対に社会は実在すると考える立場を社会実在論といいます。デュルケームなどがこの立場です。社会唯名論は意味学派(P141)などのミクロ社会学(P141)、社会実在論は社会システム論(P140)や機能主義(P129)などのマクロ社会学(P140)に発展していきました。

※2人以上の人間がお互いに何かしらの影響を与え合うこと

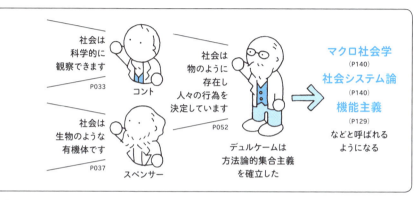

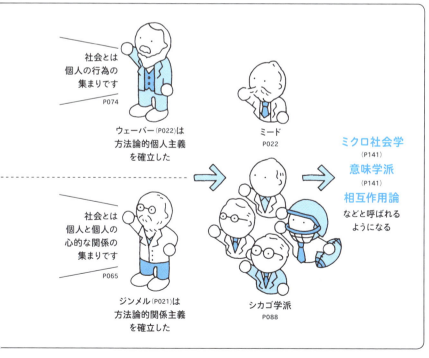

形式社会学

▶021

意　味　人間同士の心的な相互作用の形式を社会学の対象とする立場
文　献　『社会学』
メ　モ　形式社会学はミクロ社会学(P141)に影響を与えた

コントやスペンサーは、経済学、法学、政治学、心理学など、社会に関するあらゆる学問を総合して研究する学問が**社会学**だと主張しました（**総合社会学**）。ところがそれでは**社会学**に実体がなくなります。**ジンメル**は、**社会学**も**科学**と同じように、専門性がなくてはならないと考えました。

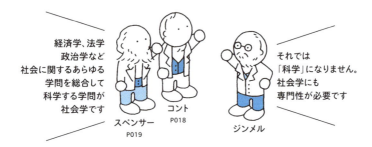

たとえば、ある村を考察する場合、経済学者は村の経済構造や予算に注目するでしょう。また、神学者は村の教義の内容に注目します。それでは社会学者は何に注目すべきでしょうか？

ジンメルは、人間関係の**形式**に注目するのが**社会学**だと言います。たとえば村長と村民、村民同士の関係が、支配服従関係なのか、信頼関係なのか、闘争関係なのか、分業関係なのかなどに注目すべきというわけです。

ここで重要なのは**内容**ではなく**形式**です。ですから、村長の主義主張の内容や、闘争の理由や目的、分業によって何が作られるか？などは彼の研究対象ではありません。

ジンメルは、**デュルケーム**(P021)のように社会が物のように**実在**(社会的事実P052)するとは考えません。**ジンメル**にとって社会とは、信頼関係、闘争関係など、個人間に生じる**人間関係の形式**（心的相互作用）の集まりです。この**形式**を研究対象とするのが**ジンメル**の形式社会学です。

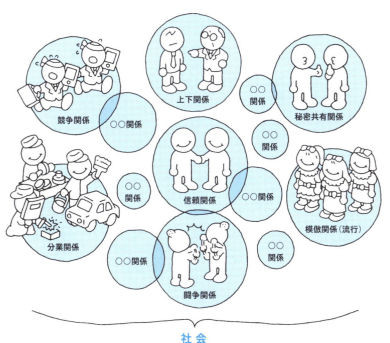

社 会

上下関係、闘争関係、模倣関係、分業関係など、
人間関係の形式の集まりがジンメルにとっての社会。こうした人間関係は、
目的や内容は違っても、すべての社会に同じようにあらわれると彼は考えた。
つまりあらゆる社会は同じような仕組みをしていることになる

価値自由

意　味　主観的な価値観から自由になること
文　献　『社会科学と社会政策にかかわる認識の「客観性」』
メ　モ　いかなる学問をする上でも、つねに価値自由を心がけるべきだとウェーバーは考えた

ウェーバーは、**事実**と**価値**をはっきりと分け、経済学、政治学、社会学などの**社会科学**は、あくまで**事実**を認識するためのものであり、それが善いか悪いかといったような**評価（価値判断）**をするべきではないとしました。このように、主観的な価値観から自由になることを**価値自由**といいます。

事実と価値をはっきり分けた上で、
社会科学は事実を扱うべきだと
ウェーバーは考えた

これに対して、ある価値基準に基づいた目的を設定し、その実現を目指すのは**社会政策（政治）**の役割です。このとき社会科学者は、目的のための手段を提示する、コストを算出する、目的が社会にどのような効果をもたらすかを客観的に説明することで**社会政策**に貢献します。

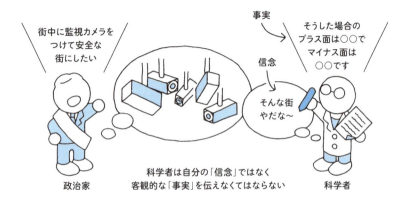

科学者は自分の「信念」ではなく
客観的な「事実」を伝えなくてはならない

科学者は自身の価値観に都合のよい情報だけを提示するべきではありません。とはいえ人間は誰しも好き嫌いなどの個人的な価値観からは逃れられません。**価値自由**とは、個人は必ず特定の価値観を持ってしまうもので、それを自覚しないと、事実を冷静に見極めることができなくなるという警告でもあります。**価値自由**の態度を持つことの大切さは、科学の専門家でなくても実感できそうです。

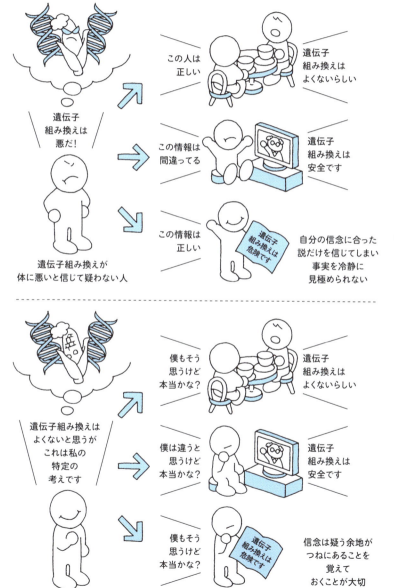

理念型

▶022

意味　特定の観点から、実在の現象の本質的な特徴を抽出して作られる論理的なモデル

メモ　官僚制(P078)、世俗化(P072)、支配の3類型(P080)などのウェーバーの学説も理念型である

社会理論

たとえば**貨幣経済**は、貨幣と物との交換が大原則です。ところが実際には贈与や窃盗など、例外がたくさんあります。けれどもそれらすべてを考慮に入れると**貨幣経済**の基本的な性格を捉えにくくなります。そこで**貨幣経済**の原理原則だけを取り出すと、**貨幣経済**の理念型が出来上がります。

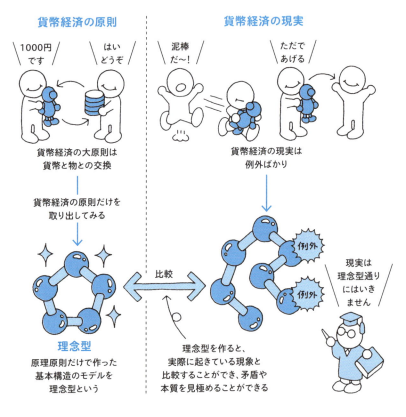

理念型は頭の中で作られた思想像なので、現実には存在しません。けれども**理念型**のモデルを作れば、それを参照しながら、現実に起きている現象の本質や矛盾を見極めることができると**ウェーバー**は考えました。

合理化

文　献　『プロテスタンティズムの倫理と資本主義の精神』
メ　モ　ウェーバーはプロテスタンティズムの信仰と合理化とが対立するのではなく、むしろ親和性が高いことを指摘し、資本主義の礎(いしずえ)になったと考えた

社会理論

科学が発展すると、自然を客観的に捉えることができるようになり、人々に**合理的**な世界観が共有されます。これを**合理化**といいます。**合理化**するにつれて人々は、神仏のような超自然的な力に頼ることをやめます。すると人々の生活の中に「事実」としてあった宗教は、個人の意識の中だけの存在となっていきます（**脱呪術化**）。**ウェーバーは近代化とは合理化（脱呪術化）のことにほかならないと考えました。**

プロテスタンティズム

文　献　『プロテスタンティズムの倫理と資本主義の精神』
メ　モ　ウェーバーはプロテスタントの禁欲的な性質が資本主義の精神にむしろ合っていたという逆説で、資本主義がどのように生まれたかを説明した

お金儲けをしたい気持ちは万国共通のはずです。ではなぜ、近代の西洋でのみ**資本主義**というシステムが生まれたのでしょうか？**ウェーバー**は、**プロテスタンティズム**の禁欲的な**精神状態**（エートスP073）が資本主義を生み出したと考えました。**プロテスタンティズム**とは、**カルヴァン**の**宗教改革**から発生した**予定説**を基本とするキリスト教思想をいいます。

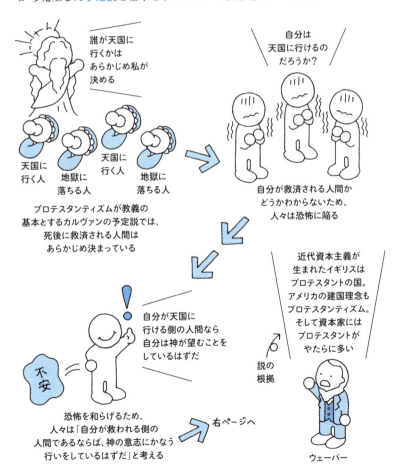

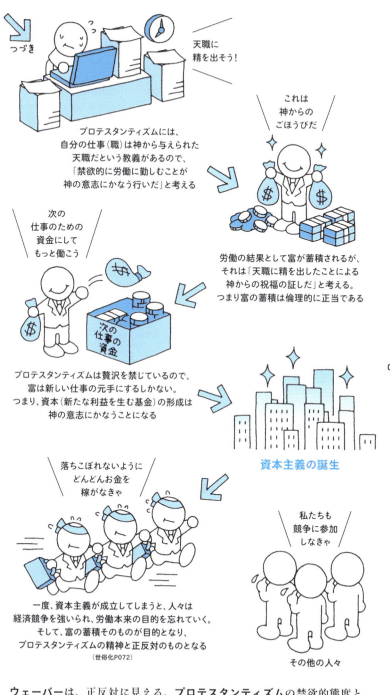

ウェーバーは、正反対に見える、**プロテスタンティズム**の禁欲的態度と、近代**資本主義**とが逆説的に結びついたことを示しました。

世俗化

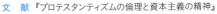

意　味　信仰に基づいた生活スタイルから、信仰的な裏付けが薄れていくこと
文　献　『プロテスタンティズムの倫理と資本主義の精神』
メ　モ　対義語は神聖化

文化と消費社会

信仰に基づいた生活スタイルから、宗教性が薄れていくことを**世俗化**と呼びます。**プロテスタンティズム**（P070）から発生した**資本主義**も、世俗化につれて富の追求が目的化していき、宗教性は薄れていきました。

近代化につれて、歴史は様々な面で**世俗化**していく傾向にある**とウェーバー**は主張しました。

エートス

意　味　教義の内容そのものではなく、教義の内容に基づく人々の主体的な感情や習慣
文　献　『音楽社会学』『プロテスタンティズムの倫理と資本主義の精神』

ウェーバーは、宗教の**教義**（教え）に基づいた、人々の主体的な**習慣**や**精神の状態**を**エートス**と呼びました。ウェーバーは、宗教の教義の内容そのものではなく、**エートス**が生み出す人々の**行為**に着目しました。その結果、**プロテスタンティズム**（P070）の禁欲的な**エートス**が、**資本主義**を生み出したのだという結論に至りました。

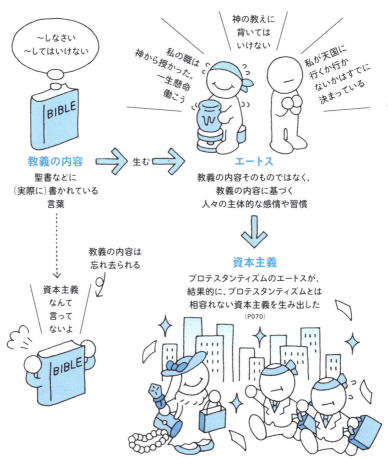

社会的行為

意　味　他者との関わりにおいてなされる行為
文　献　『社会学の基礎概念』
メ　モ　人間の行為は、非合理的行為から合理的行為へと進化するとウェーバーは考えた

ウェーバーの社会学は人間の**行為**に注目します。社会とは、人間の行為が集まったものだと考えたからです。ウェーバーは行為の中でも、他者との**相互関係**が前提となる社会的行為を自身の研究対象にしました。

誰にも見せない行為と、**社会的行為**とでは大きく違います。**ウェーバー**は、**社会的行為**の個人的な動機や**意味**を理解して、社会事象の成り立ちを分析しようと考えました。このアプローチは理解社会学と呼ばれます。

社会的行為の4類型

❶伝統的行為
習慣から生じる行為

伝統的行為はギリギリ社会的行為

朝起きる

❷感動（感情）的行為
感情から生じる行為

笑い合う

怒る

挨拶する

教会へ行く

行為は❶❷のような非合理的行為から❸❹のような合理的行為へと進化します

ウェーバー

喜ぶ

❸価値合理的行為
自分の信念や価値観による行為

倫理観から肉を拒否する

人助けする　注意する

教える

❹目的合理的行為
目標を設定し、達成するための理性的な行為。予期せぬ結果も考慮に入れる成熟した行為

目的のために学ぶ

目的のために設計図を作る

目的のために計画を立てる

暴力の独占

▶022

文献 『職業としての政治』
メモ 『国家社会学』(ウェーバー)には「国家とは、ある特定の領域において、合法的で物理的な強制力(暴力)の独占を要求する人間共同体である」とある

他者を自分の意志に従わせることができるとき、**権力**を持っているといいます。**権力**のある側は強制力を持っていることになります。強制力には、**官僚制**(P078)などの制度的な強制力と、**暴力(武力)**による物理的な強制力があります。近代国家では、物理的な強制力は**国家**(軍隊、警察)によって独占されています。**ウェーバー**は、この**暴力の独占**が国家であるための条件だと考えました。

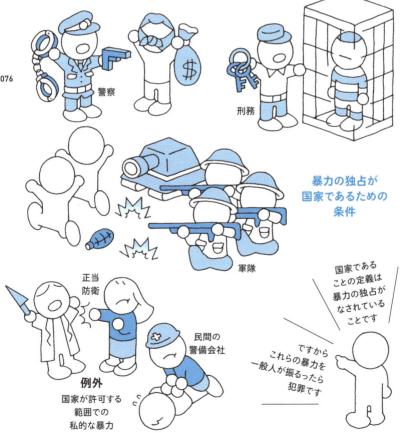

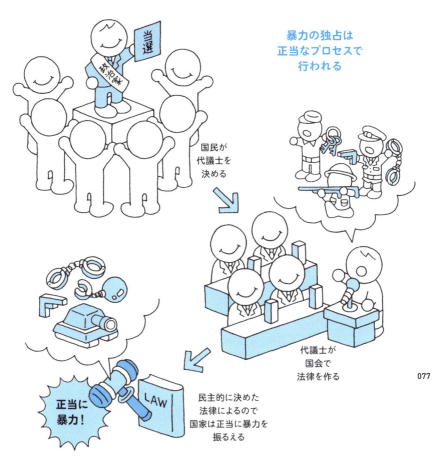

暴力の独占は、正当なプロセスによってなされなければならないことを**ウェーバー**は強調します。尚、こうした制度は、暴力装置と呼ばれることがあります。

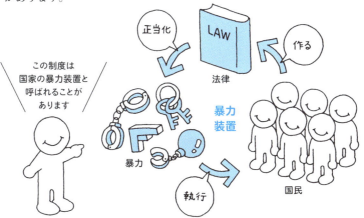

官僚制

文　献　『支配の社会学』
メ　モ　ここでいう官僚制は「社会集団の複雑化にともなって生まれる合理的・能率的な組織のあり方」という意味であり、公的機関かどうかは問わない

人口が増えて、**集団**(社会)が大きく複雑になってくると、**官僚制**があらわれると**ウェーバー**は主張しました。**官僚制**とは、合理的な規則に基づき、文書で事務処理が行われ、専門的な訓練をした職員によって分業されるといった特徴を持つ制度をいいます。官公庁、学校、会社など、現代のあらゆる集団は**官僚制**で成り立っています。

官僚制の特徴

その1
合理的な規則に従って業務が遂行される

その2
上から下へ命令を行い、
上位者になるほど責任が重くなるという
ヒエラルキーがある

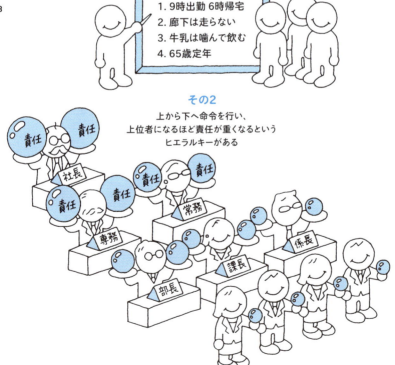

その3
口頭ではなく、文書という客観的な手段で事務処理をする

「経費に1000円使いました」「ちゃんと領収書を出せ！」

その4
職務の遂行にあたって公私が混同されない

「君！遅刻が多いよ！」「私は君の高校の先輩だぞ！」（上司／部下）

その5
専門的な知識や技能を持った人員が役割に応じて配置される

「営業担当です」「マーケティング担当です」「経理担当です」「企画担当です」

官僚制は、現代社会に欠かせない合理性と効率性をあわせ持ちます。けれどもそうした性質だからこそ、個人は人間としての存在価値を見いだせなくなります（**人間疎外**）。また、目標の達成よりも規則を守ることを重視するといった**官僚主義**の存在も**ウェーバー**は予見していました。

官僚制の問題点

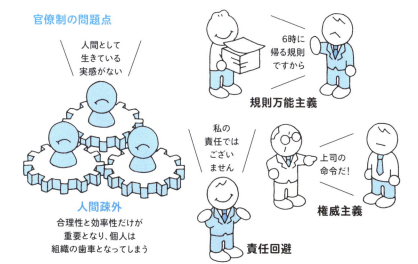

人間疎外
合理性と効率性だけが重要となり、個人は組織の歯車となってしまう

規則万能主義「6時に帰る規則ですから」

責任回避「私の責任ではございません」

権威主義「上司の命令だ！」

支配の3類型

文　献　『支配の社会学』
メ　モ　人間の社会的行為(P074)が非合理から合理的に進化するにつれ、支配の方法も非合理から合理的に進化するとウェーバーは考えた

秩序と権力

1つの**集団**(社会)の中には、たいてい**支配**と**服従**の関係があります。支配とは「ある命令に対して、一定の範囲の人々を服従させる可能性」のことをいいます。支配のためには、服従者たちが支配者に服従しようと考えるだけの根拠が必要です。**ウェーバー**はその根拠を、**伝統的支配、カリスマ的支配、合法的支配**の3つに分類して（**支配の3類型**）、どのように**支配関係**が生まれるのかを考察しました。

社会は行為(P074)の集まりです

だから支配の3類型も行為の4類型(P075)と対応しています

ウェーバー

❶伝統的支配

伝統的行為(P075)に対応

古くからのしきたりや家柄、血筋などが根拠になった支配関係

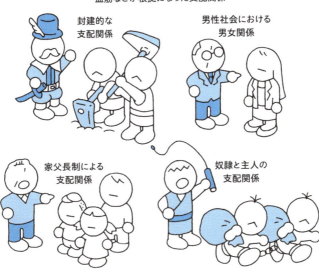

封建的な支配関係

男性社会における男女関係

家父長制による支配関係

奴隷と主人の支配関係

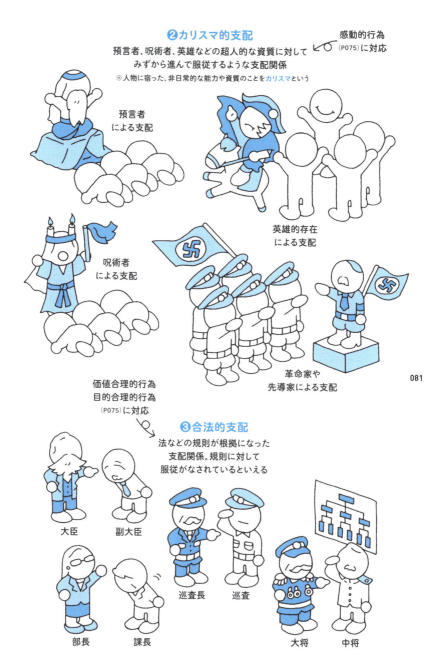

近代社会は**官僚制**(P078)の原理に基づいています。**官僚制**は**合法的支配**の典型です。**合法的支配**の原理的な**タイプ**(理念型P068)を考えることで、**規則万能主義、権威主義、責任回避**など、**官僚制**の問題点をチェックすることができると**ウェーバー**は考えます。

贈与論

文　献　『贈与論』
メ　モ　贈与と返礼の交換が社会の根本原理だとするモースの贈与論は、レヴィ=ストロース(P121)の構造主義(P159)をはじめ、フランスの人文科学全般に大きな影響を及ぼした

公共性とコミュニティ

贈与とは、贈り物を一方的に送るだけの行為ではありません。贈られた物には「霊」や「思い入れ（人格）」が宿り、受け取った側には返礼の義務といった心理的な拘束力が働きます。つまり贈与という行為は、経済の原理とは関係なく、返礼という行為を自動的に生み出します。贈り物は単なる物以上の何かになって私たちの社会に影響しているのです。

モースは、贈与を単なる個人的な行為としては捉えませんでした。彼はポリネシアの社会の調査を通じて、贈与によって生まれる人間関係を調査しました。するとここでは、贈与と返礼の交換が社会を存続させる重要な役割を担っていることがわかりました。

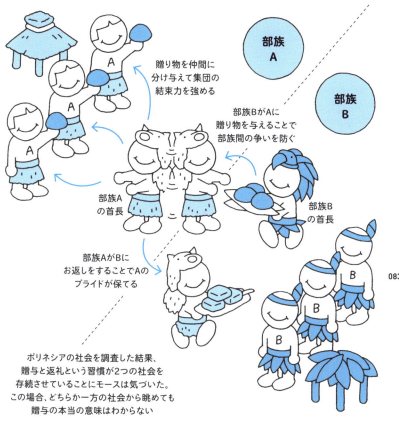

最終的にモースは、人間社会を成り立たせている要素は、突き詰めれば、贈与と返礼の交換という行為であるという考えに至りました（贈与論）。

身体技法

意　味　ある社会に特有の身体的行動の型
文　献　『社会学と人類学』
メ　モ　この考え方は、レヴィ＝ストロースの構造主義(P159)の他にブルデューのハビトゥス(P216)にも影響を与えた

社会理論

歩いたり食べたりといった日常的な**所作**は万人に共通のものではなく、自分が属している文化圏の中で育まれたものだと**モース**は言います。普段なにげなく行っているしぐさは、自分が属する社会の特徴があらわれたものなのです。

社会Aでは手を握って歩く

社会Bでは手を開いて歩く

社会Cでは右手右足、左手左足を同時に出して歩く

人は自分の社会の中で、自分の**身体**の使い方を少しずつ習得していき、自分にとって「当り前」の所作にしていきます。つまり自分の**身体技法**は、社会という外部によって無意識的に作られています。この考えは、人間の行動は、自分で決定しているのではなく、属している社会に決定されているとする**構造主義**(P159)に大きな影響を与えました。

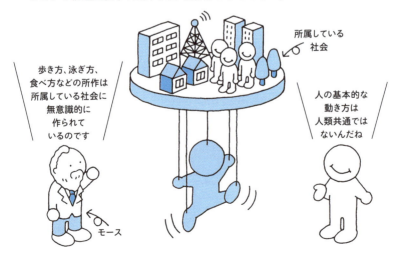

鏡に映った自我

▶023

意　味　他者との社会的な関係によって、自我(私)が形成されていくこと
文　献　『Human Nature and the Social Order』
メ　モ　この考えを持つクーリーは社会実在論(P063)者である

「私はこういう人間だ」という**自我**は、生まれたときから備わっているわけではありません。人は、他者からどう見られているかを他者からの反応を見ながら想像し、**自我（私）**を形成していきます。

自我（私）は生まれたときにはない

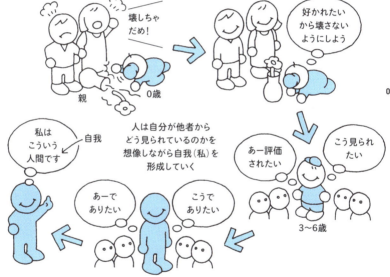

自分自身の外見は自分自身で直接見ることができず、鏡で知ります。同じように、自分の社会的な姿も、自分に対する他者からの反応という「鏡」を通じて知ります。これを**クーリー**は**鏡に映った自我**と呼びました。**自我**は自分で作っているわけではなく、**社会(他者)**に作られているのです。

アイとミー

▶022

意味　社会的な自我（私）がミーで、主体的な自我がアイ
文献　『精神・自我・社会』
メモ　ミードは自我をアイとミーの二側面から説明した。アイの存在の指摘は、後の意味学派（P141）に大きな影響を与えた

私たちは他者からの期待を引き受けて、それを自分の**役割**として振る舞います。そうすることで私たちは**社会的な存在**になります。このように、役割を引き受ける（**取得する**）ということを私たちは子どもの頃から遊び（ゲーム）の**ルール**で学んでいると**ミード**は言います（役割取得）。

しかし、すべての他者がまったく同じ振る舞いを期待するわけではありません。そこで私たちは、いろいろな他者との関わりの中で、特定の誰かの期待ではない、**一般化された他者**から期待される役割を想像し、それにかなうような振る舞いをしていきます（社会化P054）。

ミードは一般化された他者から取得する役割を果たそうとする社会的・客観的な自我(私)をミー(me：客我)と呼びました。ミーはクーリー(P023)が唱えた鏡に映った自我(P085)にあたります。けれどもミードは、自我にはミーに抵抗したり、改善しようとするアイ(I：主我)の存在があると言います。このアイこそが私の主体性であり、社会を変化、改善していく力につながると考えました(アイとミー)。

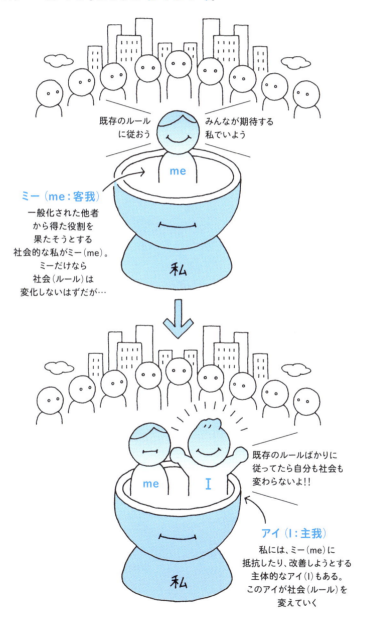

都市

文　献　『生活様式としてのアーバニズム』
メ　モ　都市生活の実態や、都市の機能や構造から社会を捉えようとする社会学を**都市社会学**という。実証的な都市社会学はワースらの**シカゴ学派**の研究から始まった

空間と都市

都市は、近代社会（資本主義社会）の特徴が最もよくあらわれる場所です。ワースのいたシカゴもその1つでした。彼は、シカゴに住む人々の暮らしを実際に観察したり、インタビューするなど、実証的な方法で都市を研究することで近代社会を捉えようとしました。

シカゴ学派
1890年代にシカゴ大学社会学部学部長であったA.スモールによって形成された都市を主に研究する社会学者の集まり。ワースらの世代に黄金期を迎えた

ワースは都市を、人口が多い・人口密度が高い・人口の異質性が高い場所であると定義しました。こうした定義をすることで、農村と都市の違いが明らかとなり、都市（近代社会）で生きる人々の生活を分析する手がかりになります。

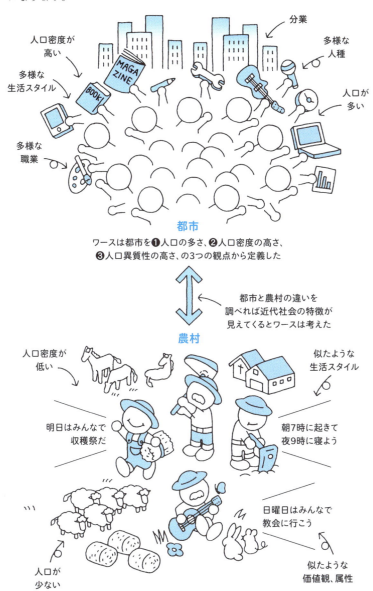

ただし現在では、都市と農村という単純な二項対立で考えることには、あまり効果がないと考えられています。

アーバニズム

文献 『生活様式としてのアーバニズム』
メモ この図式の源流には、ミードの役割取得(P086)の他、テンニースのゲマインシャフト／ゲゼルシャフト(P050)やデュルケームの機械的連帯／有機的連帯(P058)などがある

空間と都市

ワースは都市特有の生活スタイルを**アーバニズム（都市的生活様式）**と呼びました。都市では、親密で全人格的な付き合いが薄れ、**人との表面的な関わり**（第二次的接触）が強くなります。表面的な関わりが優勢になると、人々は緊密な人付き合いから解放される一方、家族的な連帯が弱くなり、**アノミー**(P056)に陥ってしまうと**ワース**は言います（社会解体論）。こうしたことから彼は、都市計画の重要性を訴えました。

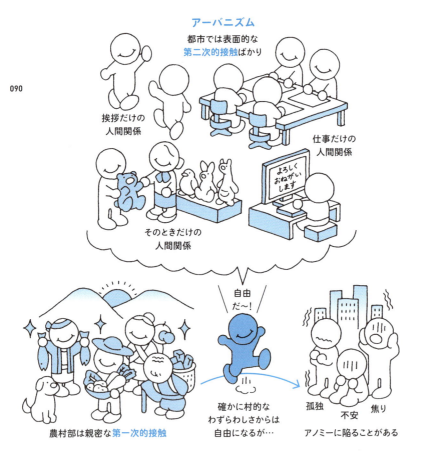

同心円モデル

文　献　"The Growth of the City"
メ　モ　シカゴ学派(P088)であるパーク(P023)やバージェスらの研究方法は、動植物の生態学と似ていることから、人間生態学と呼ばれる

空間と都市

バージェスも20世紀初頭のシカゴを調査しました。そして、土地の利用形態が同心円状に広がっていくことを突き止めました。都市の中心部には中心（業務）地帯があり、そこから遷移地帯（インナーシティ）、労働者住宅地帯、中流階級住宅地帯、通勤者住宅地帯へと、同心円状に5つの地帯が生まれるとしました。

❶中心（業務）地帯
❷遷移地帯 ←「遷移地帯」は土地の利用のされ方が移ろいやすいという意味。居住区としては移民地区、低所得者層のスラムがここにできるとされる
❸労働者住宅地帯
❹中流階級住宅地帯
❺通勤者住宅地帯

シカゴは交通の便がよい

シカゴの町は社会問題がよくあらわれている
バージェス

バージェスは、同心円モデルによって、中心部からの距離と、人々の階層に関係があることを示しました。同心円モデルは、シカゴ特有の起伏がなく景観の変化も少ない土地を前提としているため、例外は多いといわれていますが、現在でも様々な都市計画に生かされています。

マージナルマン

意　味　複数の文化に不完全に属している人々
文　献　『Human Migration and the Marginal Man』
メ　モ　移民や少数民族、改宗者などにマージナルマンの典型が見られる

いくつもの文化が並存する社会の中で、どの文化圏にも完全に同化できずに、複数の文化に不完全に属している人々を**パーク**はマージナルマン（境界人）と呼びました。

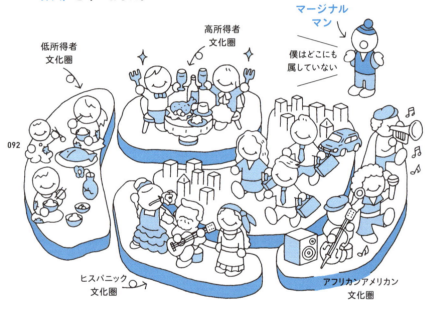

マージナルマンは、自身に一貫したアイデンティティを見いだしにくくなります。しかしまた、複数の文化の狭間に立つことで、それぞれの文化を客観的に捉えることができ、それらを融合した新しい価値や文化を生み出すことが可能です。

インフォーマル・グループ／フォーマル・グループ

▶025

文　献　『産業文明における人間問題』
メ　モ　ホーソン実験では、照明の明るさや室温などの職場環境よりも、人間関係による影響の方が大きいことがわかった

公共性とコミュニティ

会社や官公庁などでは、公式に役割や組織図が定められています（**フォーマル・グループ**）。しかし、その**フォーマル・グループ**の内部では、公式な役割分担とは別に、私的な関係が自然発生的に生まれてきます。この**非公式**な仲間関係を**インフォーマル・グループ**といいます。

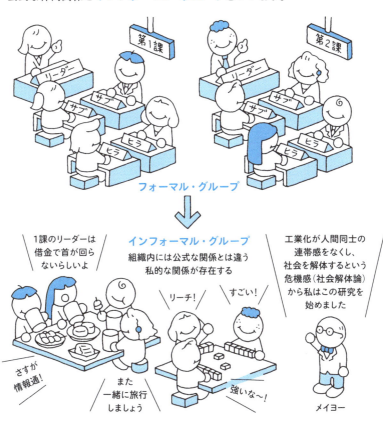

メイヨーは作業効率を調べる実験を**シカゴ**の**ホーソン工場**で行いました。そして**インフォーマル・グループ**の存在が、組織内での目標達成のための**士気**にとって重要であることを発見しました（**ホーソン実験**）。

フォーディズム

意　味　ヘンリー・フォード（1863〜1947）が確立した、資本主義に特徴的な生産方式

メ　モ　グラムシが命名したフォーディズムは、大量生産、大量消費の時代や社会そのものをあらわす概念となった

文化と消費社会

20世紀の資本主義体制において、アメリカの自動車会社である**フォード社**が**大量生産**のための生産方式を導入しました。ベルトコンベア方式などの**機械化**、**肉体労働の単純化**や**出来高賃金**といった特性を持つ**フォーディズム（フォード主義）**は、**高度経済成長**に不可欠な生産方式になりました。

ただし1970年代を節目に**フォーディズム**の時代は終わり、**多品種・少量生産**の**ポスト・フォーディズム**の時代へと移っていきます。

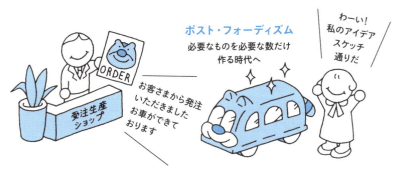

ヘゲモニー

意　味　強制（暴力）と合意（同意）の両面から覇権を握る近代（資本主義）国家の統治に、グラムシはヘゲモニーという言葉を用いた
文　献　『獄中ノート』

国家や政治運動の**覇権**、**指導権**を握ることを**グラムシ**はヘゲモニーと呼びます。近代（資本主義）以前の統治は、暴力に基づく支配でした。これに対して近代国家の統治は、暴力に基づく**強制**と同時に、メディアや学校教育などで人々を知的、文化的に指導しつつ、人々からの合意（同意）を取り付けることで巧妙に覇権を握ります。

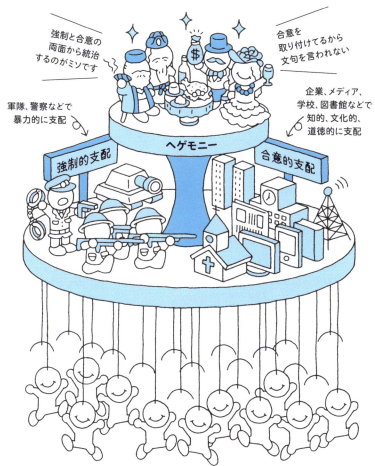

コミュニティ
アソシエーション

メモ　集団の分類法は、ここにあげた他に、所属集団／準拠集団(P134)、インフォーマルグループ／フォーマルグループ(P093)、内集団／外集団(P048)などがある

公共性とコミュニティ

通常、会社や学校などがアソシエーションにあたるが何かの目的のために集まっていると捉えれば、家族や近隣集団もアソシエーション

私たちは同じ場所で生活しているからこの集団はコミュニティ

私たちは島のヤシの木を守るために集まっているからこの集団はアソシエーション

社会学には、集団を分類する方法として、コミュニティとアソシエーションという対概念があります。マッキーヴァーによれば、コミュニティとは、「同じ場所や地域で一緒に生活している」という意識を共有している自然発生的な集団をさします。一方、アソシエーションとは、同じ関心や目的のために人為的に形成される集団をさします。

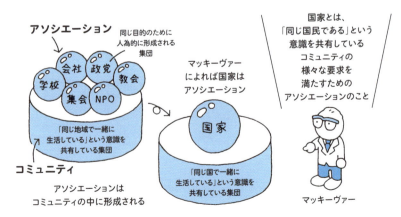

集団には、**テンニース**(P020)の**ゲマインシャフトとゲゼルシャフト**(P050)など、似たような対概念が他にもあるので、**マッキーヴァーの分類法**と比較してみましょう。

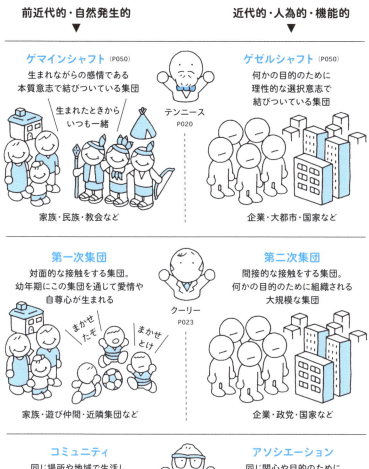

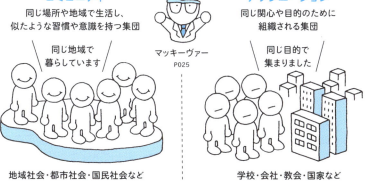

大衆の反逆

文　献　『大衆の反逆』
メ　モ　エリート主義は日本では人気がないが、ヨーロッパでは脈々と引き継がれている。尚、エリート主義の対義語はポピュリズム（大衆主義）

秩序と権力

人間は、エリート（少数者）と大衆の2つに分かれるというのがオルテガの考えです。第一次大戦後のヨーロッパで、大衆が影響力を持ち始めたことにオルテガは危機感を覚えました。

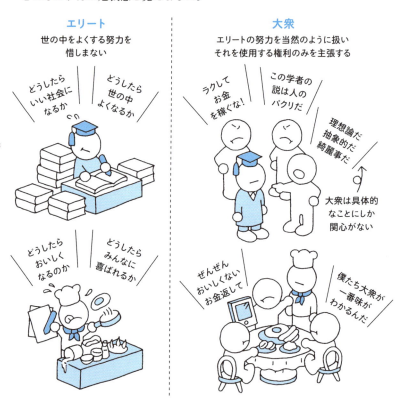

エリートとは、社会をよくしようと、専門的な知識や技術を積む努力を怠らず、自分に多くの義務や責任を課す人々をさします。一方、大衆は社会にも自分にも責任を負わず、自分が他の人たちと同じであることに苦痛を感じず、むしろ喜びを感じる人々をさします。そして凡庸な意見や価値観を「一般的な考え」と言い換え、強引に他人に押し付けます。

大衆はエリートが築いた技術や知識を当然のものとみなし、努力もせずにそれを使用する権利だけを主張します。オルテガが問題にしたのは、大衆が、本来エリートが担うべき役割を奪っていくことでした。オルテガはこれを大衆の反逆という言葉で表現しました。

世の中はエリートの努力の上に成り立っているのに、大衆が自分の利益のために、本来エリートがいるべき場所を侵食していくとオルテガは考えた

ここでいう大衆とは、実際の職業や階級ではなく本人の「心の持ちよう」で決まります。ですから科学者のような専門家であっても大衆になり得るのです。

科学者のような専門家であっても、よく知りもしない専門外のことに、もっともらしいコメントをするような「文化人」は大衆の中でもタチの悪い部類だとオルテガは考えた

批判理論

▶028

意　味　分析的な機能よりも、批判的な機能を重視した、主にフランクフルト学派の理論
文　献　『啓蒙の弁証法』(ホルクハイマー/アドルノ)
メ　モ　批判理論はマルクス主義がベースとなっている

社会理論

「近代社会はなぜ**ナチズム**を生んでしまったのか？」この問題の解明を生涯のテーマとしたのが**ホルクハイマー**、**フロム**、**ベンヤミン**、**アドルノ**などの**フランクフルト学派**の思想家たちです。

なぜ全体主義は生まれてしまったのだろう？

ホルクハイマー P028 / フロム P029 / ベンヤミン P027 / アドルノ P012 / ハーバーマス P182

フランクフルト学派
1923年に設立されたユダヤ人を中心とした社会研究所のメンバー。全体主義やナチズムの研究に生涯を費やした

フランクフルト学派のメンバーである**ホルクハイマー**や**アドルノ**は、ファシズムの誕生や、ユダヤ人の虐殺は、近代以降続いてきた**理性万能主義**に原因があると考えました。

人間の理性って何？

彼らは、近代以降のヨーロッパの**理性**は「何かを成し遂げるための道具」として発展してきたことを指摘しました。何かの目的を達成するための**理性**は、現実を部分的に分析するだけで、大きな視点を持ちません。

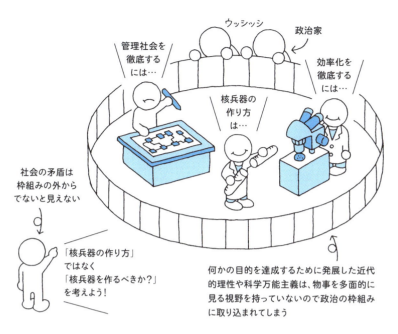

目的達成のためだけに発展してきたヨーロッパの**理性**は、利益追求に結びつき、ファシズムの政治政策や戦争兵器開発の道具となってしまったと彼らは言います。彼らはこうした**理性**を道具的理性と表現しました。

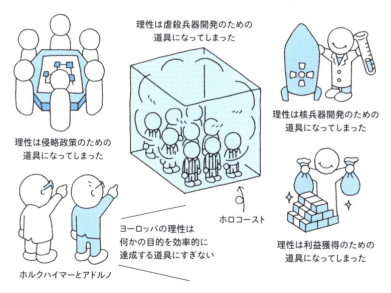

このように、**フランクフルト学派**の考えは、分析的な側面よりも社会批判的な側面が強いので、批判理論と呼ばれています。**批判理論**は現在でも、哲学、社会学、経済学などの分野に大きな影響を与えています。

権威主義的パーソナリティ

文　献　『自由からの逃走』
メ　モ　フロムの『自由からの逃走』が刊行されたのは、ドイツがナチス政権下にあった1941年のこと

秩序と権力

近代（資本主義社会）になり、人は伝統的な枠組みから解放され、自由を手にしました。けれどもその結果、様々な絆から切り離され、自分の生き方を自分1人で決めなくてはならなくなりました。こうした不安や孤独に耐え切れなくなると、人は自分を縛る権威を進んで受け入れてしまいます。**フロム**はこれを**権威主義的パーソナリティ**と呼びました。

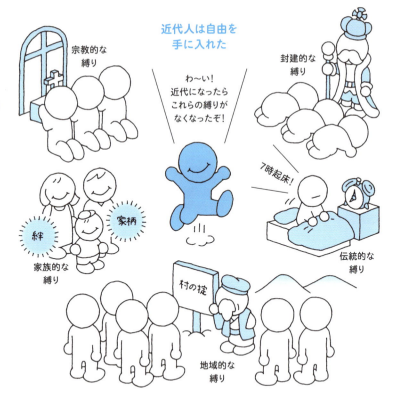

フロムは、ナチズム期のドイツにこの**権威主義的パーソナリティ**という社会的性格を見いだしました。ドイツ国民の**ナチズム**への傾倒は、人々が自由であったからこそ生まれた現象だと彼は考えたのです。

ベンヤミン

アウラ

文　献　『複製技術時代の芸術』
メ　モ　ベンヤミンは、複製化によって芸術のアウラが崩壊することに対して、芸術の平等化という観点から肯定的に捉えている

文化と消費社会

芸術作品を写真に撮ったり、印刷したりした**複製物**は、それがどれほど精巧に作られていても、唯一無二の本物ではあり得ません。「今」「ここに」しかない本物の作品に備わっている目に見えない力のことを、**ベンヤミン**は アウラ（オーラ）と呼びました。

近年、芸術作品はますます技術的に複製されやすくなりました。けれども実物が帯びている唯一性や歴史性などは複製物には欠落しているのです。

映画や写真などの複製芸術の登場は、芸術の概念を「崇高」で「貴重」なものから「身近」で「気軽」なものへと変えました。**ベンヤミン**は、**複製技術の進歩**によるアウラの凋落を嘆きます。しかし一方で、いくら権力が芸術、表現、情報などを管理、規制したとしても、複製技術の進歩は芸術や表現を権力から解放すると**ベンヤミン**は考えました。

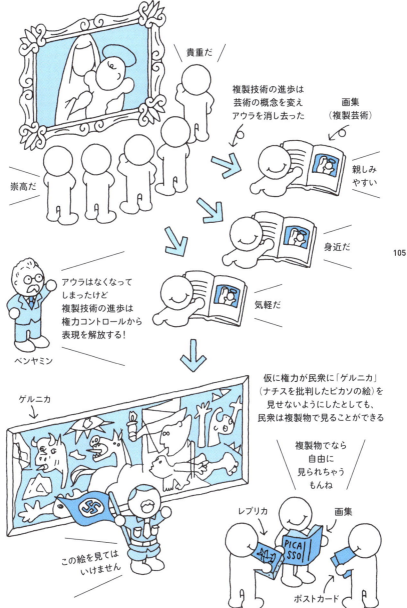

パサージュ論

文　献　『パサージュ論』
メ　モ　ベンヤミンは、未来や進歩の象徴のような、パリのきらびやかなアーケードの中に、太古のユートピアへと回帰する願望を透かし見た

文化と消費社会

ドイツ生まれのユダヤ人であった**ベンヤミン**は、ナチスから逃れてパリにいました。そこで彼は**パサージュ**の中の遊歩者となり、『**パサージュ論**』という断片集の執筆を始めます。**パサージュ**とは19世紀のパリにできたガラス屋根の商店街をいいます。ガラス越しの淡い光の中には、様々な古道具が並んでいました。

パサージュの遊歩者となったベンヤミンは、
ガラス越しの淡い光に包まれた19世紀の古道具から
人々の資本主義に対する思いを考察した

ベンヤミンは、19世紀の人々がこれらの商品に見た夢を追想します。そうすることで、当時の人々の資本主義に対する考えを知ろうとしたのです。物や街並みから人々の意識を捉えようとするこうした手法は、後の**大衆文化研究（カルチュラルスタディーズ）**にも大きな影響を及ぼしました。

「パサージュは外側のない家か廊下のようだ。夢のように」と彼は表現しました。けれども実際のパサージュの外側には、ナチスの足音がせまっていました。彼は、パサージュのぼんやりとした光に包まれた、まだナチス政権のなかった19世紀の記憶の中に逃げ込んでいたのかもしれません。

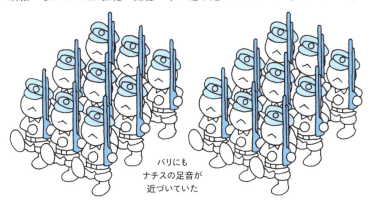

パリにもナチスの足音が近づいていた

1940年、ナチスがパリを侵略。**ベンヤミン**は未完の『**パサージュ論**』の原稿を、当時パリ国立図書館に勤務していた友人の哲学者**ジョルジュ・バタイユ**(1897〜1962)に託し、パリを脱出します。ピレネー山脈を徒歩で越えようとしましたが、国境付近で足止めされ、服毒自殺を遂げました。

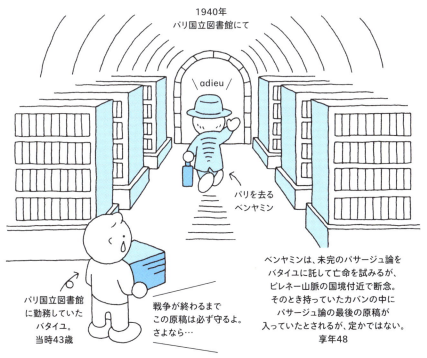

集合的記憶

意　味　個人的な記憶ではなく、集団が持つ枠組みによって生まれる記憶のあり方

メ　モ　過去は心の内部ではなく、外部の空間や物に宿るとアルヴァックスは考える

公共性とコミュニティ

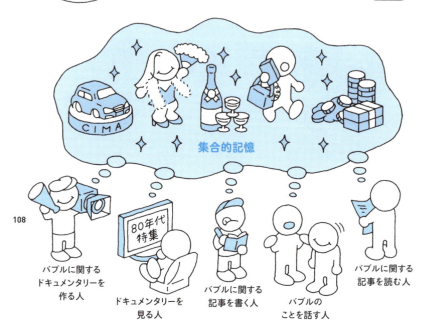

たとえば、「バブル期」を社会学的に考察する場合、集合的記憶が頼りになります。人は他人と話したり、写真、テレビを見るといった社会的な環境に触れることで、バブル期に関わる記憶を思い起こします。バブル期の記憶は1人の頭だけではなく、バブル期を経験した人たちが持つ枠組みによって構成されていると考えられます。個人的な記憶ではなく、集団の中の1人としてのこうした記憶が集合的記憶です。

アルヴァックスは教科書や歴史書に記されている「事実」としての歴史ではなく、「集合的記憶」としての歴史から社会を考察した

とはいえ、個人がある出来事や場所を思い出すとき、思い出は1つの集団の枠のみから湧き起こるわけではありません。仕事仲間、友人、家族など、個人が属している様々な集団に基づいた記憶が合わさって頭の中に記憶が生じます。こうした記憶の総体は一人ひとり違うはずです。**アルヴァックス**はこれをもって個人的記憶としました。

集合的記憶は絶えず書き換えられています。つまり**過去**は**現在**から想起され、つねに再構築されています。

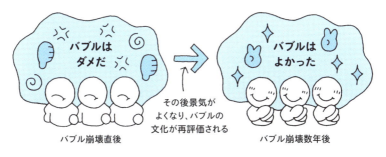

知識社会学

意　味　知識と社会との関係を研究する学問
文　献　『イデオロギーとユートピア』
メ　モ　知識社会学はマルクスのイデオロギー論(P045)に
ウェーバーの価値自由(P066)の概念などを取り入れている

かつて**マルクス**は、個人の**知識や思想**(世界観)はすべて、属している社会構造に規定された**イデオロギー**(P045)であると主張しました。

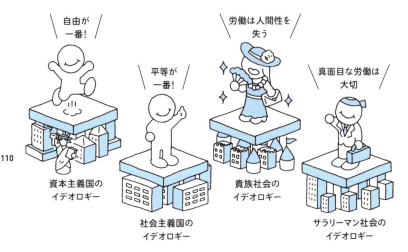

そうだとすると、この世界に真理は存在できません。もしくは知識や思想はすべて相対的に真理であり、知識の数だけ真理があることになってしまいます。**マンハイム**はこうした**相対主義**のジレンマを乗り越えるために、**相関主義**を提唱しました。**相関主義**とは、階級や立場に囚われていない主張を集結させ、そこから何とか共通の真理を導き出そうという立場をいいます。

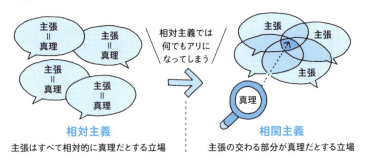

マンハイムはまず、自分たちの主張はイデオロギーであり、それは拘束された知識であることを認める必要があると言います。そうした自覚のある知識や思想からしか、真理を導き出すことはできないと考えたからです。イデオロギーをしっかりと自覚できるように、彼はイデオロギーを以下のように整理しました。

人間の知識や思想は、属している社会に大きく影響されるものです。マンハイムは、知識そのものではなく知識と社会との関係を明らかにしようとする学問を知識社会学と呼びました。知識社会学を成立させるためには、相関主義の立場に立ち、普遍的イデオロギーを自覚する知識人（インテリゲンチア）であることを心がけるべきだと彼は言います。

連字符社会学

意　味 社会一般の原理を扱う理論社会学（社会システム論など）に対して、特定の領域を扱う社会学

メ　モ 連字符とはハイフン（-）の意味。「科学-社会学」「家族-社会学」など「領域-社会学」のかたちをとる

人間の**知識**や思想は、属している時代や**社会**に大きく影響されています（知識社会学P111）。たとえば、近代以前の社会では天動説が人々の知識の主流でしたが、近代では地動説が主流です。この間、宇宙そのものが変化したわけではありません。このように科学的な知識でさえ、「事実」とは無関係に存在しています。

パラダイムシフト

1つの時代や社会の知識の枠組みをパラダイムという。近代にかけて天動説から地動説にパラダイムシフト（パラダイムが変換）したが、宇宙そのものが変化したわけではない。つまり科学と事実は無関係に存在している？

また、「女性には母性本能がある」「○○民族は優秀な遺伝子を持っている」など、社会が利用したり捏造した「科学」も存在しました。

社会は科学を利用したり捏造することがある

科学と**社会**のこうした関係を考察する学問を**科学‐社会学**または**科学知識の社会学**といいます。同じく、**医療**と**社会**の関係を考察する**医療‐社会学**、**宗教**と**社会**の関係を考察する**宗教‐社会学**など、特定の領域の数だけ社会学は存在できます。**マンハイム**は特定の領域を扱う社会学を**連字符社会学**と名付けました。

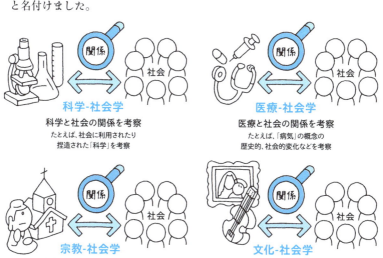

様々な連字符社会学

連字符とはハイフン(-)の意味。
都市-社会学、情報-社会学、歴史-社会学
教育-社会学、スポーツ-社会学、政治-社会学
家族-社会学、法-社会学、犯罪-社会学
など領域-社会学のかたちをとる

近代から現代へ

ウィトゲンシュタイン P118

第一次世界大戦(14)

第二次世界大戦(39)

- シュッツ P118
- ブルーマー P119
- ラザースフェルド P119
- パーソンズ P120
- ボーヴォワール P120
- レヴィ＝ストロース P121
- リースマン P121
- マートン P122
- マクルーハン P122
- アリエス P123
- ブーアスティン P123
- M・ヤング P124
- ミルズ P124
- ガーフィンケル P125
- ダーレンドルフ P125

1960　1970　1980　1990　2000　2010　2020　2030

東西ドイツ統一(90)
9・11テロ事件(01)

『論理哲学論考』『哲学探究』

後期ウィトゲンシュタインはかつての言語観をみずから批判し、言語活動をゲームとして捉えた

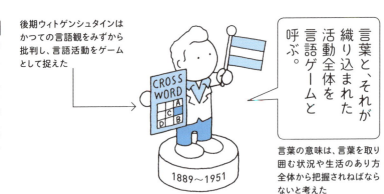

言葉と、それが織り込まれた活動全体を言語ゲームと呼ぶ。

1889〜1951

言葉の意味は、言葉を取り囲む状況や生活のあり方全体から把握されねばならないと考えた

ルートヴィヒ・ウィトゲンシュタイン

Ludwig Wittgenstein　▶P152

オーストリア生まれの哲学者。ユダヤ系で鉄鋼業の富豪の家庭に育つ。大学では機械工学や数学を学ぶ。第一次世界大戦に志願兵として参加し、従軍の合間にキャリア前期の主著『論理哲学論考』を執筆する。大戦後、小学校教師を経て49歳でケンブリッジ大学教授になるも、哲学に専念するため58歳で辞する。『論理哲学論考』を乗り越える後期の主著『哲学探究』は死後に刊行された。

『社会的世界の意味構成』

母国でも亡命先でも研究者と銀行関連の職を兼任し、生涯のほとんどを二足のわらじで過ごした

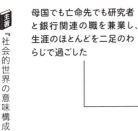

多元的な現実。

1899〜1959

日常世界以外にも別の解釈や常識を持つ現実があり、人はその多元的な現実を経験しながら生きていると考えた

アルフレッド・シュッツ

Alfred Schütz　▶P144

オーストリア生まれの社会学者。第一次世界大戦に従軍後、ウィーン大学に入学する。卒業後は銀行員として働く一方で研究を継続、マックス・ウェーバーの理解社会学とエトムント・フッサールの現象学の影響を受けて現象学的社会学を構想する。ナチスのオーストリア侵攻を受けてユダヤ人であったシュッツはパリへ脱出、後にアメリカへ亡命してニューヨークに移り住んだ。

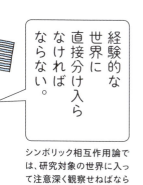

ハーバート・ジョージ・ブルーマー

Herbert George Blumer　▶P141〜142

アメリカの社会学者、社会心理学者。アメリカのセントルイス生まれ。ジョージ・ハーバート・ミードの研究に学びシンボリック相互作用論を構想、後世の研究者に大きな影響を与えた。シカゴ大学で博士号を取得した後、同大学で27年間にわたり教鞭をとり、シカゴ学派の1人にも数えられる。集団行動論や産業社会論の研究者としても知られる。

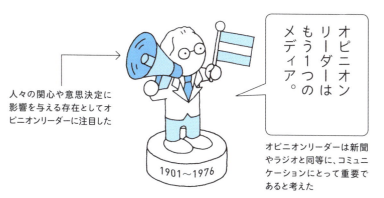

ポール・ラザースフェルド

Paul Felix Lazarsfeld　▶P148

オーストリア生まれの社会学者で、ユダヤ系の両親のもとウィーンで育つ。ウィーン大学で数学を教え、また社会心理学研究センターを率いていた。ナチスの台頭によりオーストリアを逃れてアメリカへ亡命。コロンビア大学で応用社会調査研究所の所長をつとめた。ラジオについての研究で主導的役割を果たし、その過程で親交を深めたR・K・マートンとは30年以上の関わりとなる。

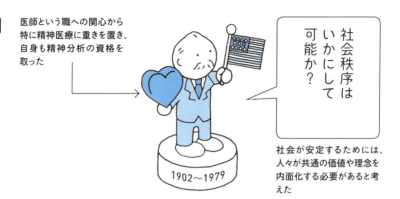

タルコット・パーソンズ

Talcott Parsons　▶P126〜128・▶P140

アメリカの社会学者。コロラド州に生まれる。「社会秩序はいかにして可能か」を問い続け、AGIL図式を提起するなど機能主義を代表する社会学者となり、1950年代には世界的に影響力の強い理論家として名を馳せる。1927年にハーバード大学の講師となって以降、1973年まで同大学につとめた。1979年、講演のためドイツ滞在中にミュンヘンで死去。

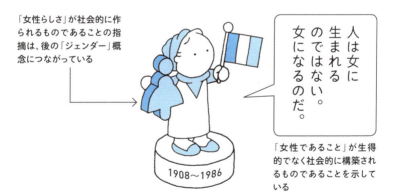

シモーヌ・ド・ボーヴォワール

Simone de Beauvoir　▶P170〜171

フランスの作家、哲学者。ソルボンヌ大学卒業後、高校で哲学教師として働いた後、小説『招かれた女』で作家活動に入る。1970年代には女性解放運動グループMLFに参加、主著『第二の性』はフェミニズムの基本文献となる。公私にわたる生涯のパートナーであるジャン=ポール・サルトルとともに、政治的活動を精力的に展開した。

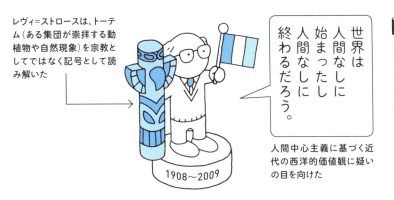

クロード・レヴィ=ストロース

Claude Lévi-Strauss　▶P156〜158

フランスの文化人類学者。ベルギーのブリュッセル生まれ。20代でフランスやブラジルで教師を経験し、第二次世界大戦時にはアメリカに亡命。アメリカで民族誌資料に触れ、またロマン・ヤコブソンに出会って、自身の構造人類学を形成する。人類学者としての枠を超え、近代西欧の思想に強い衝撃をもたらした構造主義の生みの親。

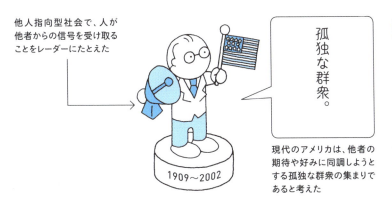

デヴィッド・リースマン

David Riesman　▶P150

アメリカの社会学者。父はペンシルベニア大学医学部の教授だった。ハーバード大学法科大学院を出た後、合衆国最高裁判所で働きながらバッファロー大学の教員もつとめる。1949年にシカゴ大学の社会学部教授となり、『孤独な群衆』など代表的著作を発表する。後年、ハーバード大学に移ってからは、教育社会学の業績を積み重ねた。

ロバート・キング・マートン
Robert King Merton　　▶P132〜138

アメリカの社会学者。ユダヤ系移民の子としてフィラデルフィアに生まれる。元々の本名はマイヤー・R・シュコルニック。ハーバード大学大学院でタルコット・パーソンズらの指導を受け、パーソンズの機能主義を批判的に受け継ぐ代表的な研究者となる。P・F・ラザースフェルドとともにコロンビア大学の応用社会調査研究所を主導した。

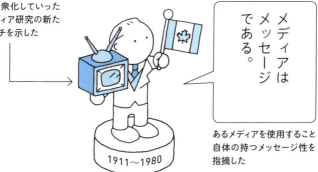

マーシャル・マクルーハン
Herbert Marshall McLuhan　　▶P164〜166

カナダの文明批評家。ケンブリッジ大学留学中、I・A・リチャーズの文学批評から強い影響を受ける。トロント大学で英文学を教えつつ、新しい時代の情報技術がもたらすメディア変容について批評を展開した。1960年代に主著『グーテンベルクの銀河系』と続編『メディア論』によってマクルーハン旋風を起こし、メディア論という研究領域の確立に貢献した。

『〈子供〉の誕生』

近代の家族や学校が、今日のような〈子供〉観を育んだことを示した

中世に「子ども」は存在しない。

〈子供〉が近代において見いだされた表象であることを明らかにした

1914〜1984

フィリップ・アリエス

Philippe Ariès　▶P168

フランスの歴史家。パリ大学で歴史学を学び、王党派の政治団体アクション・フランセーズの機関紙に論説を載せるなどの活動を行うが大学の教職には就けず、熱帯果実の研究所で働きながら、「日曜歴史家」として研究を続けた。アナール学派の一員であった彼が社会科学高等研究院の研究主任となり、はじめて大学に職を得たのは65歳のときだった。

『幻影(イメジ)の時代』『アメリカ人』

「疑似イベント」の伝達者となるマスメディアやその受け手の性質を批評した

我々は幻影を現実だと思い込む。

我々が「疑似イベント」を欲するため、幻影が生の現実を凌駕してしまうと指摘した

1914〜2004

ダニエル・J・ブーアスティン

Daniel Joseph Boorstin　▶P162

アメリカの歴史家。ジョージア州アトランタ生まれ。ハーバード大学、オックスフォード大学、イェール大学で学び、法制史研究で博士号を取得する。シカゴ大学で歴史学を教え、またスミソニアン博物館やアメリカ連邦議会図書館でも要職に就いた。1960年代のテレビの浸透や大衆消費社会を捉えた先駆的なメディア論者、消費文化論者として位置づけられる。

主著『メリトクラシー』

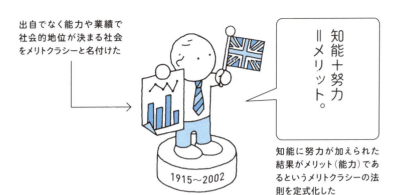

出自でなく能力や業績で社会的地位が決まる社会をメリトクラシーと名付けた

知能＋努力＝メリット。

知能に努力が加えられた結果がメリット（能力）であるというメリトクラシーの法則を定式化した

1915～2002

マイケル・ヤング
Michael Young　　▶P160

イギリスの社会学者。イングランドのマンチェスターで生まれ、父の出身地であるオーストラリアで幼少期を過ごす。第二次世界大戦中にイギリス労働党の研究者として活動し、1945年のマニフェストの草稿にも関わった。2030年代を舞台にした架空の物語『メリトクラシー』を1958年にあらわして、能力主義が貫徹される社会を危惧した。

主著『ホワイト・カラー』『パワー・エリート』『社会学的想像力』

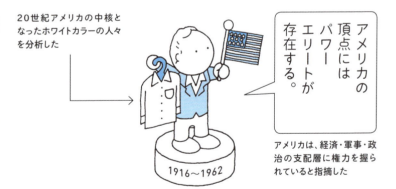

20世紀アメリカの中核となったホワイトカラーの人々を分析した

アメリカの頂点にはパワー・エリートが存在する。

アメリカは、経済・軍事・政治の支配層に権力を握られていると指摘した

1916～1962

チャールズ・ライト・ミルズ
Charles Wright Mills　　▶P154

アメリカの社会学者。母方の祖父はテキサスのカウボーイ、父は保険のセールスマンとアメリカの世代交代を思わせる家庭に育ち、出自が後の著作にもあらわれてゆく。ウィスコンシン大学で社会学を学び、ドイツから亡命したH・H・ガースから大きな影響を受ける。メリーランド大学、コロンビア大学で教鞭をとるが、1962年に45歳で急逝。

シカゴ大学での陪審員の研究がエスノメソドロジーという学派の由来になった

それは見られてはいるが気づかれてはいない。

日常生活の中の「知ってはいるが特に意識はしていない」知識やルールに注目し、こう表現した

『エスノメソドロジー』

1917〜2011

ハロルド・ガーフィンケル

Harold Garfinkel　▶P146

アメリカの社会学者。ニュージャージー州ニューアーク生まれ。ハーバード大学大学院でタルコット・パーソンズから指導を仰ぎつつも、アルフレッド・シュッツらに大きな影響を受けて社会秩序の問題を考え、エスノメソドロジーを提唱する。長年にわたってUCLAを拠点に研究を続け、後進のエスノメソドロジストを多く育てた。

対立や葛藤が秩序形成を促して新たな社会を構築するというコンフリクト理論を提起した

不和の絶えることなき源泉。

権力の存在はつねに利害対立を生み出して闘争を起こすと考え、それを新たな秩序形成の契機と捉えた

『ユートピアからの脱出』

1929〜2009

ラルフ・ダーレンドルフ

Ralph Gustav Dahrendorf　▶P130

ドイツ生まれの社会学者。ハンブルク大学で哲学、社会学を学び、同大の教授になる。その後、コンスタンツ大学、テュービンゲン大学の教授を経て拠点をイギリスに移し、ロンドン・スクール・オブ・エコノミクスの学長などを歴任した。政治家としても活動し、1967年には西ドイツ連邦議会の議員に選出、後にイギリスでは男爵に叙されて貴族院議員となった。

AGIL図式

意味　1つの社会システムを維持するために必要な条件を整理した、パーソンズによる図式
文献　『経済と社会』(パーソンズ／スメルサー)
メモ　人間のあらゆる行為は A、G、I、Lのいずれかにあたる

国家のような大きな社会から家族のような小さな社会でも持続していくためには、必ず、A＝適応（Adaptation）、G＝目標達成（Goal Attainment）、I＝統合（Integration）、L＝潜在性（Latency）の4つの条件が**機能**していなくてはならないと**パーソンズ**は考えました。これを AGIL 図式といいます。

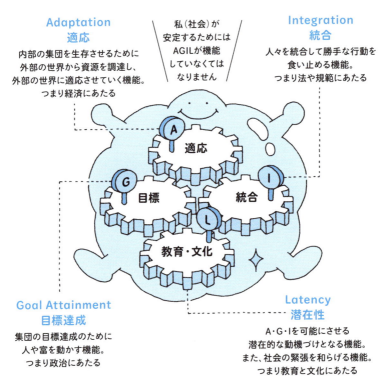

Adaptation 適応
内部の集団を生存させるために外部の世界から資源を調達し、外部の世界に適応させていく機能。つまり経済にあたる

Integration 統合
人々を統合して勝手な行動を食い止める機能。つまり法や規範にあたる

私（社会）が安定するためにはAGILが機能していなくてはなりません

Goal Attainment 目標達成
集団の目標達成のために人や富を動かす機能。つまり政治にあたる

Latency 潜在性
A・G・Iを可能にさせる潜在的な動機づけとなる機能。また、社会の緊張を和らげる機能。つまり教育と文化にあたる

この考えによれば、**人々は無意識のうちに A、G、I、L の4機能**のうちのいずれかとなって社会を支えています。持続可能な社会には AGIL 図式という**確固たる構造**が存在し、人間は皆、その**構造**を維持する**機能**として貢献しているというわけです。

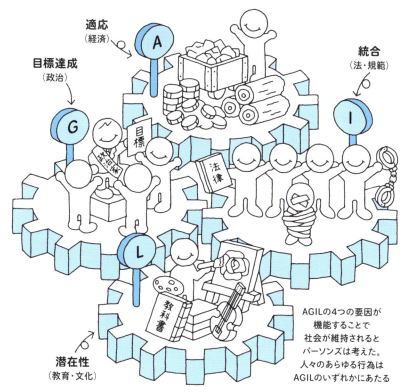

適応（経済）
目標達成（政治）
統合（法・規範）
潜在性（教育・文化）

AGILの4つの要因が機能することで社会が維持されるとパーソンズは考えた。人々のあらゆる行為はAGILのいずれかにあたる

持続可能な社会には、**AGL図式**という**構造**が存在すると考えることで、**パーソンズ**は、**社会全体**を説明できる**一般理論**を構築しようとしました(構造-機能主義P129)。その後、彼の**理論**(社会システム論P140)は、**マートン**や**ルーマン**らへと引き継がれていきます。

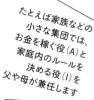

たとえば家族などの小さな集団では、お金を稼ぐ役(A)と家庭内のルールを決める役(I)を父や母が兼任します

パーソンズ

社会システム論

社会の安定に人は機能的に貢献している
パーソンズ
構造-機能主義
P129

社会はコンフリクトによって改善されていく
ダーレンドルフ
コンフリクト理論
P131

全範囲ではなく中範囲の理論でいこう
マートン
中範囲の理論
P139

社会システム論にミクロの視点を取り入れよう
ルーマン
オートポイエーシス
P254

構造-機能主義

文　献　『経済と社会』(パーソンズ／スメルサー)

メ　モ　パーソンズの構造-機能主義の「構造」はAGIL図式をさし、レヴィ=ストロース(P121)の構造主義(P159)の「構造」は主に交換の習慣(文化)をさす

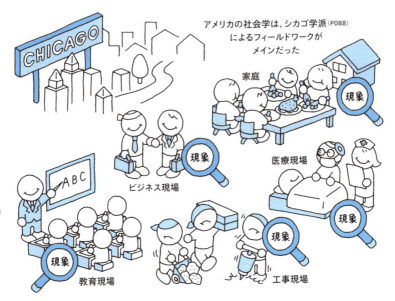

20世紀初頭のアメリカの社会学は、人々の暮らしを観察したり、人々に直接インタビューする**社会調査**がメインでした。こうした方法は、実際に起きている個々の**現象**(事実)を浮き彫りにしました。けれどもそれらの現象が生じる原因を何か1つの理論で説明することはできませんでした。

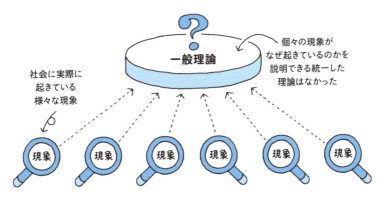

そこでパーソンズは、社会現象のすべてをつらぬく**一般理論（グランドセオリー）** を構築しようとしました。そして考え出された図式が **AGIL 図式**（P126）です。あらゆる社会現象や人間同士の相互行為は、この**図式**を維持するために存在しているというわけです。

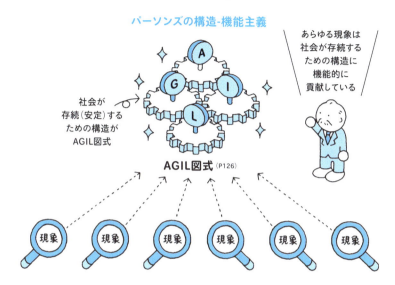

このように、社会には**確固たる**（変化しない）**構造**（パーソンズの場合は AGIL 図式）が存在し、すべての社会現象や相互行為は、この構造を維持するために**機能**していると考えることを**機能主義**といいます。そして特にパーソンズの**機能主義**を強調する場合は**構造−機能主義**といいます。

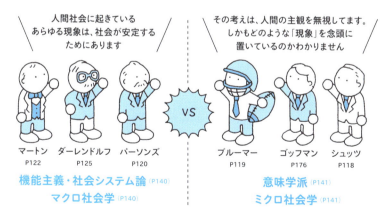

機能主義の理論は、社会を客観的に捉えるという意味で、科学的だといえます。けれども「機能主義には、人間の主観的な観点が抜けている」と考えた**意味学派**（P141）の面々が、後に**機能主義**と対決することになります。

コンフリクト理論

文　献　『ユートピアからの脱出』
メ　モ　コンフリクト理論は、マルクスの階級闘争論(P043)とウェーバーの権力論(P076)をこの時代の社会に合わせてアレンジした理論といえる

パーソンズは、構造−機能主義(P129)に基づいて、社会秩序の安定を重要課題としました。けれどもダーレンドルフは、社会の安定は、ともすると権力を持つ者と持たない者の関係が維持され続けるどころか、権力の暴走につながると考えました。

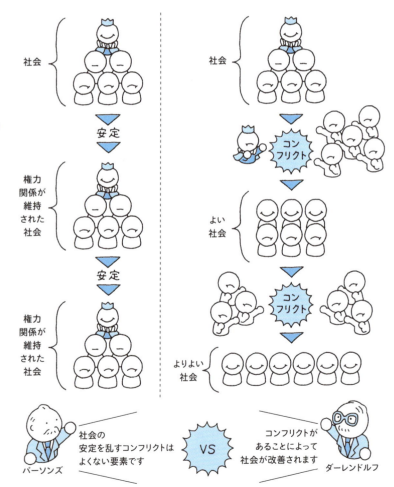

ダーレンドルフは、一見、社会の均衡を脅かすかに見えるコンフリクト（抗争・対立）という要素の重要性に着目します。権力を持たない側の人々が権力側に対抗することで、権力側に修正を加えることができるからです。資本家対労働者といった立場の違う人たちのコンフリクトによって、社会が変化・改善されていくという彼のような考えをコンフリクト理論といいます。

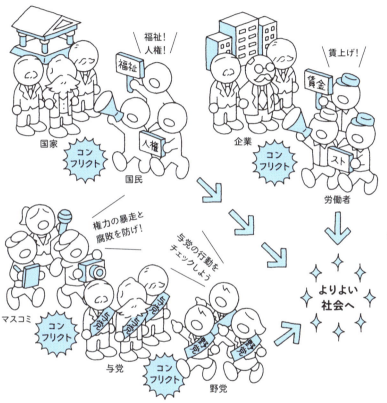

コンフリクトが社会を進化させる

また、ダーレンドルフは、AGIL図式のような社会システムに決定された役割に従うだけの人間をホモ・ソシオロジクス（社会学的人間）と呼んで批判しました。

順機能
逆機能

意　味　社会に適応する機能が順機能。社会に適応しない機能が逆機能
文　献　『社会理論と社会構造』

官僚制の順機能と逆機能

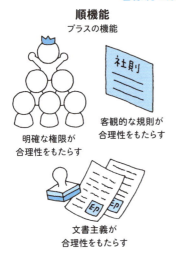

新製品の順機能と逆機能

社会の中のいろいろな現象や人々の行動は、社会というシステムを存続させる**機能（働き）**であるとパーソンズ(P120)は考えました。これを**機能主義**(P129)といいます。同じ**機能主義**の立場に立つ**マートン**は、機能には社会にとって役に立つ順機能と、社会に対して負の効果を生んでしまう逆機能があることを指摘しました。

顕在的機能
潜在的機能

意味 存在が知られている機能が顕在的機能。知られていない予期せぬ機能が潜在的機能
文献 『社会理論と社会構造』

新製品の顕在的機能と潜在的機能

ゴミ拾いの顕在的機能と潜在的機能

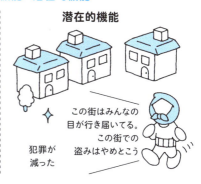

人が何か行為をするとき、本人の想定通りの結果があらわれた場合、その作用のことを**顕在的機能**といいます。逆に想定していなかった結果があらわれた場合、これを**潜在的機能**といいます。**マートン**は逆機能（P132）とともに**潜在的機能**という視点を用いて、社会事象の背後に潜むものを考察しようとしました。

潜在的機能に注目するのが社会学です

準拠集団

- 意　味　人が物事の比較や同調の拠り所とする他者
- 文　献　『社会理論と社会構造』
- メ　モ　準拠集団に対し、実際に所属している集団を所属集団という

社会学で最も重要な概念の1つが準拠集団です。準拠集団とは自分が何かを決めるとき、自分に強い影響を与える人々のことをいいます。準拠集団は、具体的な集団とは限らず、ある階層全般などの場合もあり、また自分が直接所属していない集団ということもあります。たとえば、友人集団、尊敬する有名人、ただ単に「富裕層」などがそれにあたります。

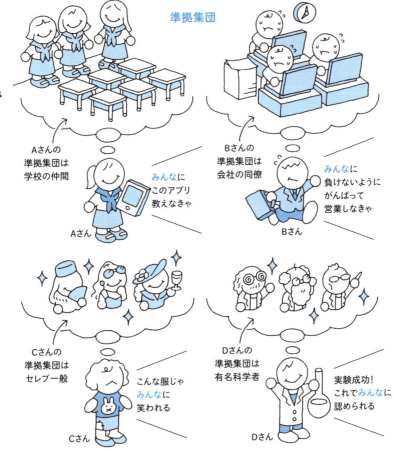

自分が所属する準拠集団の価値観によって自分の価値観が左右される。
ただし現代人は複数の準拠集団に属しているので
ある選択についてどの集団を準拠集団とするのかは、時と場合によって異なる

たとえば、自分の頭の中にある**準拠集団**が自分よりすぐれている場合は、劣等感が生まれたり、彼らに追いつくための向上心が芽生えるかもしれません。反対に、**準拠集団**が自分より劣っている場合は、優越感が生まれたり、向上心が停滞することもあり得ます。

予言の自己成就

意　味　予言されたことの影響で実際に予言通りになること
文　献　『社会理論と社会構造』
メ　モ　この考えは後にベッカーのラベリング理論(P194)に影響を与えた

特に根拠がなくても、「○○はよいはずだ」と思えば実際によくなり、「○○は悪いに違いない」と思えば実際に悪くなることがあります。

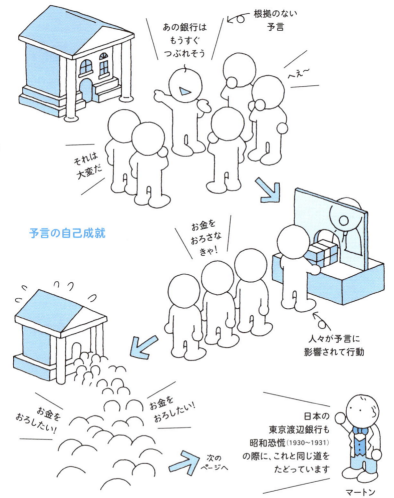

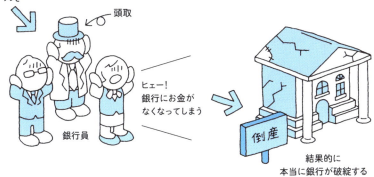

こうした現象は人間界特有のもので、自然界では起こりません。ハレー彗星の軌道を**予言**（予測）したところで、実際のハレー彗星の軌道には何ら影響を及ぼさないはずです。けれども人間だけは、他人や自分の**予言**に応じて自分の行動を決めてしまうことがあります。結果的に、**予言**通りの事態が起きてしまうのです。これを予言の自己成就といいます。

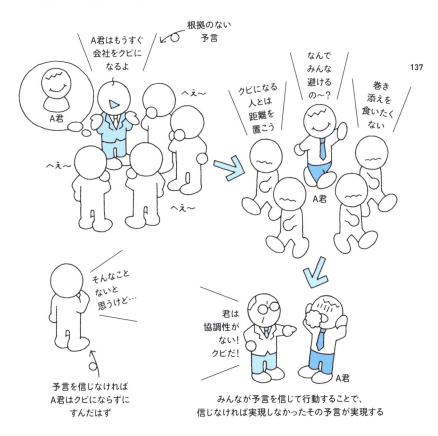

マートン

中範囲(ちゅうはんい)の理論

▶122

意　味　個別的な実証研究と包括的な理論の間にある理論。中範囲とは、ミクロとマクロ、具象と抽象の中間という意味

メ　モ　マートンは「社会が人間の行為を決定している」という機能主義(P129)の基本的な部分には賛同している

社会理論

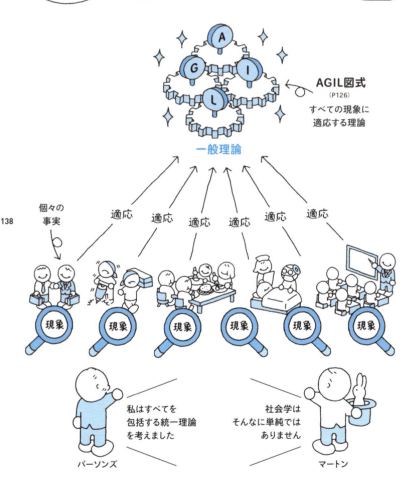

AGIL図式
(P126)
すべての現象に
適応する理論

一般理論

個々の事実　適応　適応　適応　適応　適応　適応

現象　現象　現象　現象　現象　現象

パーソンズ：私はすべてを包括する統一理論を考えました

マートン：社会学はそんなに単純ではありません

パーソンズは、様々な社会現象が、どうして世の中に存在しているのかを何か1つの理論で説明しようとしました（構造-機能主義P129）。そこで編み出された理論が **AGIL図式**(P126)でした。けれども**マートン**は、そうした抽象的な**一般理論（グランドセオリー）**を構築したところで、実際に起きている個々の現象（事実）の考察には役立たないと考えました。

そこでマートンは、社会学者の役割は、実証的な研究に耐えうる、中範囲の理論を構築することだとしました。ここでいう中範囲とは、抽象的な一般理論と具体的な個々の事実の中間という意味です。

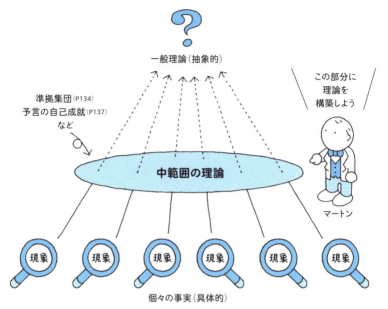

マートンは中範囲の理論の例に準拠集団(P134)や予言の自己成就(P137)などをあげています。こうした理論は、現実に起きている個々の問題を解決するのに実際に役立つと彼は言います。

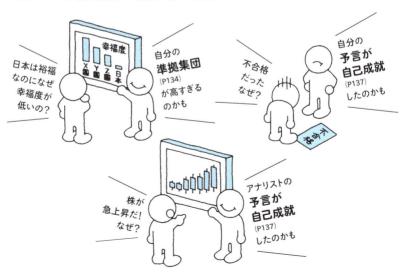

マクロ社会学

メモ　フォーディズム(P094)の時代までは、民衆に同じような価値観が共有され、社会に貢献することが自分と社会のためになると考えられていた。こうした背景から、パーソンズの構造−機能主義などの社会システム論が全盛期を迎えた

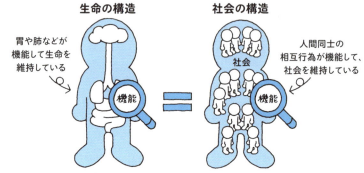

社会を1つの生命システムと捉え、その構造を考察するのが社会システム論

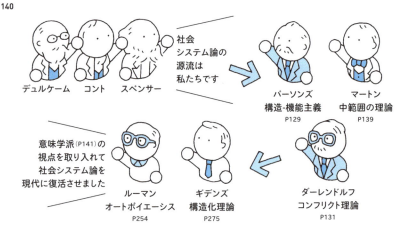

　社会を**生命のような構造をしたシステム**(ひとまとまり)と捉えることを**社会システム論**といいます。そして胃が消化という**機能**によって生命システムを存続させているように、あらゆる人間同士の相互行為が**機能**して、**社会システム**を存続させていると考えることを**機能主義**(P129)といいます。**機能主義**のように、社会全体を**システム**として捉え、その**構造**が人間の行為にどのような影響を及ぼしているかを調べる社会学は**マクロ社会学**とも呼ばれます(P012も参照のこと)。

ミクロ社会学

メ モ フォーディズムからポストフォーディズムの時代に移行し、個人の価値観が多様化すると、いろいろな行為の個人的な意味が重視されるようになった。こうした背景から、意味学派などのミクロ社会学が台頭し始めた

人間同士による総合行為の意味を考察するのが意味学派

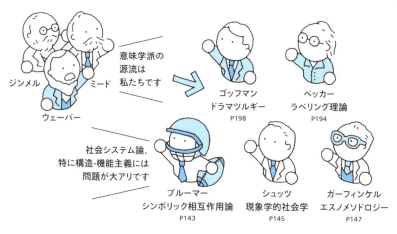

社会全体の構造を客観的に捉える**社会システム論**(P140)は、確かに科学的です。けれども、その社会を構成している**個人**の主観を無視することはできないと考えるのが**意味学派**です。私たち人間は動物とは違い、様々な対象に**意味**づけをし（対象を解釈し）、その**意味**に基づいた相互行為をします。**意味学派**は、そうした相互行為の**意味**を理解することで、社会を捉えようとします。こうした社会学は**ミクロ社会学**とも呼ばれます（P012も参照のこと）。

シンボリック相互作用論

ブルーマー

文献 『シンボリック相互作用論』
メモ シンボリック相互作用論は、象徴的相互作用論と訳される。人間同士の相互行為や主体的な意味解釈に注目して社会を捉えるこうした立場は、意味学派(P.141)と呼ばれる

社会理論

私たちは、様々な物事に**意味づけ**をしながら行動しています。物事の意味はあらかじめ固定的に決まっているわけではなく、他者との相互行為の中で導き出されます。そしてその意味は絶えず解釈し直され、修正されます。

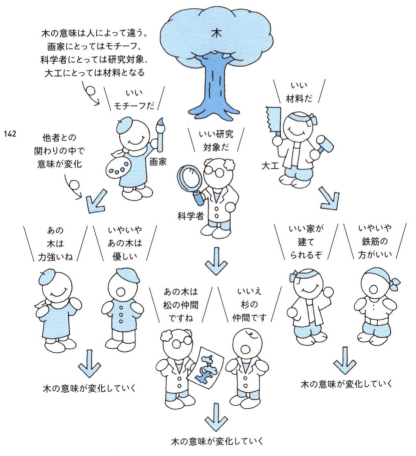

人間は意味づけ（解釈）によって物事を捉え、その意味に基づいた言動をする。
社会とはそれらの言動の集まり。つまり意味が変化していく以上、社会も変化していく

ブルーマーのシンボリック相互作用論は、社会を確固たる特定の価値によって成立しているものとしては捉えません。人間の主体的な解釈によって物事の意味がそのつど修正されていくダイナミックな過程として社会をイメージします。

人々は
「木」「人」「家族」「国家」などの
意味(概念)をみんなで解釈することで
社会を成立させている。
けれども「木」や「家族」などの意味は、
絶えずみんなで解釈し直され変化する。
社会はパーソンズが考えたような
確固たる構造を持てない

パーソンズの構造-機能主義(P129)は、社会は変化しない特定の構造(AGIL図式P126)を持ち、それを維持するために、人々の行動があるとしました。これに対してシンボリック相互作用論は、人々が様々な対象に意味づけをし、その意味に基づいた行動をすることで社会が成り立つと考えます。社会が人間の行動を規定するのではなく、人間が主体的に社会を成立、そして変化させているというわけです。

構造-機能主義
P129

人間同士のあらゆる行動は
社会の構造を維持するために存在している。
つまり社会が人間の行動を規定している

シンボリック相互作用論

人間が物事を意味づけ、それに基づいた
行為をすることで社会が成立する。
つまり人間同士の行為が社会を作り続ける

現象学的社会学

シュッツ

文　献　『社会的世界の意味構成』
メ　モ　現象学的社会学は、E・フッサール(1859〜1938)の現象学から派生した。相互行為や主体的な意味解釈に注目して社会を捉えるこうした立場は、意味学派(P141)と呼ばれる

社会理論

目の前にリンゴがあれば、「リンゴがある」と私たちは考えます。けれども、「リンゴがある」ことを事実として確信できる根拠は、自分の**意識**の中に「リンゴがある」から以外にはありません。自分の意識の外の、客観的な世界に本当に「リンゴがある」のかどうかはわからないのです。

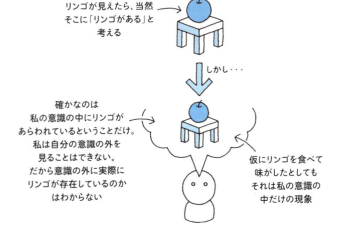

つまり世界は、意識の中だけに存在しているといえます。このような視点から、現実の世界がどのように出来上がっていくのかを考えるのが現象学です。

社会は、私たちの意識と無関係に客観的に存在しているのではないと**シュッツ**は言います。そうではなく、私たちの意識が共有する認識が「現実」を作っていくから、社会が存在すると捉えます。こうした考えを現象学的社会学と呼びます。

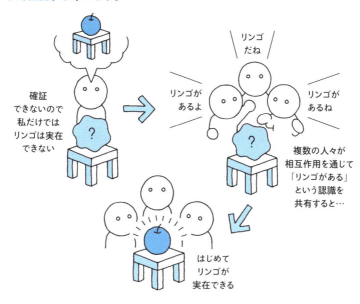

この考えが正しいのならば、私と他者との関係がなければ、世界が現実に存在していることにはなりません。

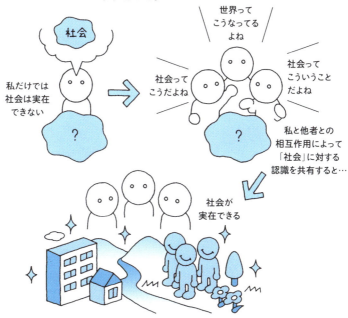

エスノメソドロジー

意　味　社会の構成員(エスノ)が用いる方法論(メソドロジー)
文　献　『エスノメソドロジー』
メ　モ　エスノメソドロジーは、現象学的社会学(P145)や言語ゲーム(P153)の影響を受けている

ガーフィンケルは、**シュッツ**(P118)と同じく、人々の**共通認識**で社会が成立していると考えました(現象学的社会学P145)。そこで**ガーフィンケル**は、それぞれの社会における共通認識の具体的な調査に乗り出しました。

たとえば、医療現場の医師たちにとって「健康」とはどういう状態をさすのか？教育現場の教師たちにとって「よい生徒」とはどんな生徒をさすのか？などを実際の調査で明らかにすれば、彼らの共通認識に迫ることができます。

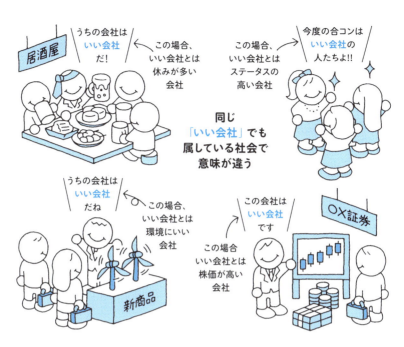

人々の**行為**や**会話**(言語)の方法は、属している社会によって異なります(言語ゲームP153)。ならば、人々が当り前に行っている会話や行為の方法を**調べれば**(共通認識を調べれば)、その人たちが属している社会の本質が見えるとガーフィンケルは考えました。こうした考えに基づく**会話や行動の分析**は**エスノメソドロジー**と呼ばれ、現在でも盛んに行われています。

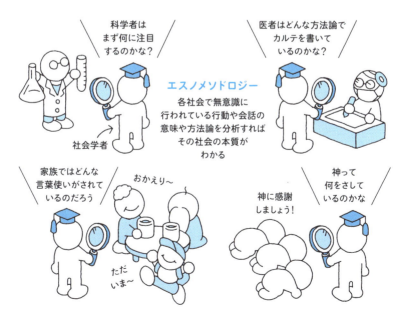

オピニオン・リーダー

▶119

文　献　『パーソナル・インフルエンス』(E・カッツ(1926〜)／ラザースフェルド)

メ　モ　オピニオン・リーダーの発見は、第一次集団(P097)の重要性を改めて提示した

ラザースフェルドは、マスメディアからの情報は、人々に直接的に届くというよりは、オピニオン・リーダーを介して、より情報に対する関心が低い人々へと流れていくと考えました。これをコミュニケーションの二段階の流れモデルといいます。

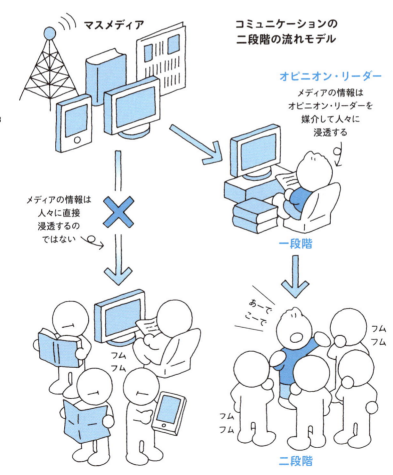

近代化とともに、**間接的な人間関係**(第二次集団P097)がどんなに多くなったとしても、人は**直接顔を合わせて会話する仲間**(第一次集団P097)から多くの影響を受けるとラザースフェルドは言います。メディアのメッセージが多くの人々に届くには、**オピニオン・リーダーの存在**が必要なのです。

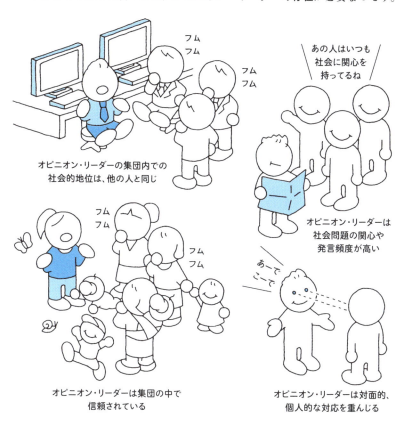

オピニオン・リーダーは、政治や企業に利用されることがあります。**オピニオン・リーダー**は自身の影響力を自覚する必要があるといえそうです。

他人指向型

意　味　他者の価値観に同調しようとする近代社会（資本主義社会）の大衆に特徴的な性格
文　献　『孤独な群衆』
メ　モ　この視点はフロムの議論（社会的性格P102）を踏襲している

リースマンは社会を構成する人々の性格を**3つの類型**に分けました。共同体の伝統に従う❶**伝統指向型**、共同体から離れて自分自身の良心に従って行動する❷**内部指向型**、そして、他者からどう思われているのかに敏感で、他者の好みや期待に同調しようとする❸**他人指向型**です。

❶伝統指向型
人口が一定水準以下だった伝統的な共同体社会（中世以前）において、人々は家族や血族などの価値観を行動指針にしていた

○歳までに結婚　　　○時起床、○時就寝　　　毎日のお祈り

❷内部指向型
人口上昇が過渡的で人々の移動が激しい初期資本主義社会（資本主義初期～19世紀）において、人々の行動指針は伝統ではなく、自身の内面のものさしに頼っていた

視野を広げる旅に出よう　　　人助けがしたい。弁護士になるぞ　　　真理を知るために勉強しなきゃ

❸他人指向型

近代的な大都市のように資本主義が成熟した社会において、
人々は同時代の人々のまなざしや評価を行動指針にする

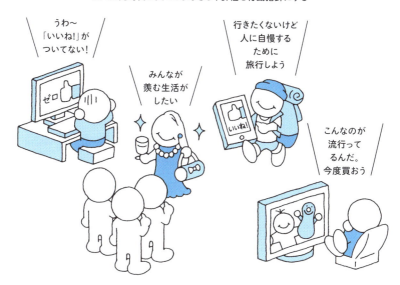

現代人は、様々なしがらみから解放されたと同時に、孤独感を強めています。そうした孤独感を和らげるため、人々は他者に同調したり、マスメディアに方向性を求める**他人指向型**になっていきます。現代は、**他人指向型**の人間が、経済、政治、文化に大きな影響力を持つ**大衆社会**だといえます。

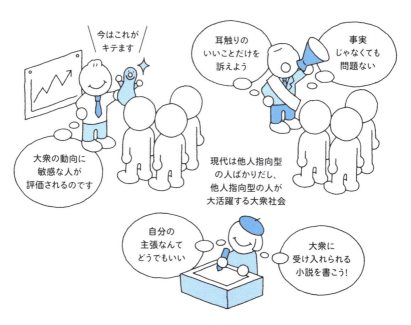

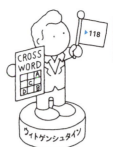

言語ゲーム

▶118

文　献　『哲学探究』
メ　モ　ウィトゲンシュタインはかつて、事実と言語とは1対1で対応していると考えていたが(写像理論)、後に見方を改め、言語ゲームという考えに行き着いた

自己と相互行為

たとえば、**「今日はいい天気だ」**という主張(言語)があるとします。この場合、今日がよい天気ならば、この主張は正しく、そうでなければこの主張は間違っているということになります。

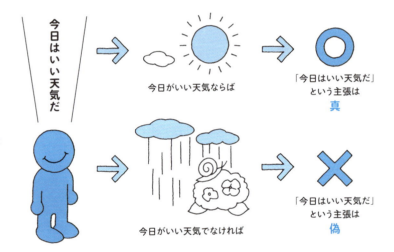

今日はいい天気だ → 今日がいい天気ならば → 「今日はいい天気だ」という主張は **真**

今日はいい天気だ → 今日がいい天気でなければ → 「今日はいい天気だ」という主張は **偽**

けれども、一概にそうとは限りません。なぜなら、時と場合によって主張の意味は変わるからです。事実と言語とは1対1で結びついているわけではないのです。

言語の意味は状況によって変化する
「今日はいい天気だ」を、「今日はいいことがあった」という意味で使うこともある

「今日はいい天気だ!」　バレンタイン　事実　その通りだね!!

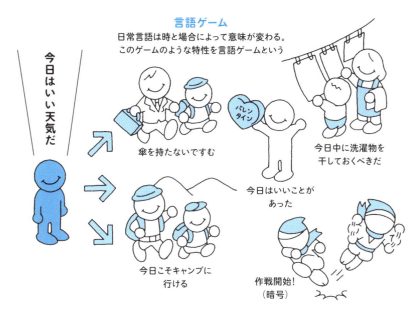

私たちは、ある言語とその言語の意味とを結びつける**ルール**を理解し、そのルールに従って振る舞っています。こうした言語活動のルールは、実際に日常生活を送りながら習得するしかありません。社会生活とは、言語ゲームに参加することだと**ウィトゲンシュタイン**は考えました。

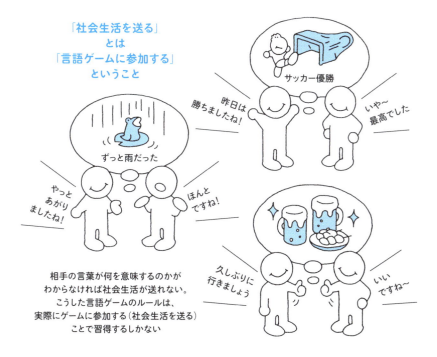

ミルズ

パワーエリート

意味　民主主義社会の背景で、権力を一元的に握っている支配層（軍の上層部・政府の上層部・大企業の経営者）

メモ　民主主義社会に見えるアメリカが、実際にはファシズム体制にも似た権力構造を持っているとミルズは考えた

秩序と権力

第二次世界大戦後、アメリカには「豊かで、人々が自律的な、理想的な民主主義社会」というイメージがありました。

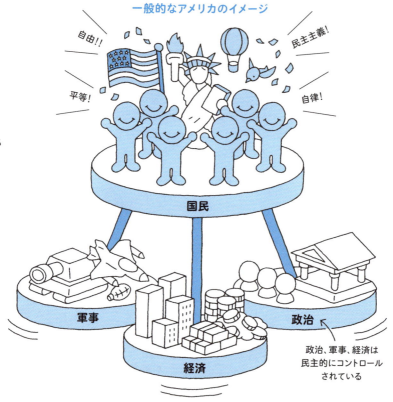

一般的なアメリカのイメージ

自由!!　平等!　民主主義!　自律!

国民

軍事　経済　政治

政治、軍事、経済は民主的にコントロールされている

けれども実際のアメリカは、**経済・軍事・政治**の３分野の支配層である**パワーエリート**たちが連合して権力を握っている国です。そのため一見能動的に見える大衆は、政治を制御していけるような力を持っていないと**ミルズ**は主張しました。アメリカの真の姿は、少数のエリートが支配する**典型的な階級社会**なのです。

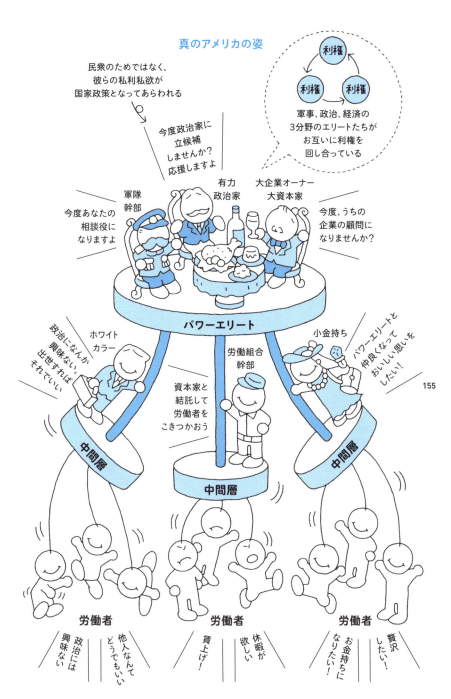

インセスト・タブー

▶121

文　献　『親族の基本構造』
メ　モ　社会の根本原理は交換（贈与と返礼）であるとし、交換という観点から社会を読み解こうとする考えを**社会的交換理論**という

公共性と
コミュニティ

あらゆる社会で、**近親相姦（インセスト）**は**タブー**とされています。**レヴィ＝ストロース**は「未開社会」の人々と生活をともにしながら、なぜ、彼らの社会で近親相姦が**タブー**となったのか、その成り立ちを調査しました。

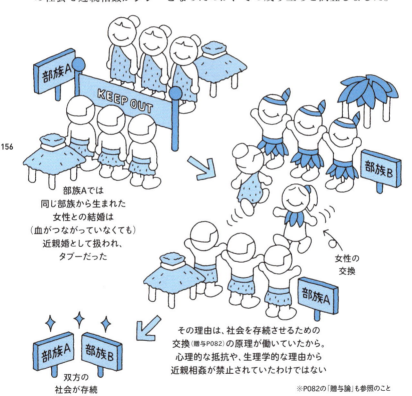

部族Aでは同じ部族から生まれた女性との結婚は（血がつながっていなくても）近親婚として扱われ、タブーだった

女性の交換

双方の社会が存続

その理由は、社会を存続させるための交換（贈与P082）の原理が働いていたから。心理的な抵抗や、生理学的な理由から近親相姦が禁止されていたわけではない

※P082の「贈与論」も参照のこと

贈与と返礼による交換は、人間社会の存続にとって根本的な要素でした（贈与論P083）。**レヴィ＝ストロース**は婚姻を、他の集団との間の「**女性の交換**」として捉えました。**近親として結婚がタブー視される女性／結婚相手にできる女性の区別**は、他の集団に交換相手として贈る女性／他の集団から贈られてくる女性の区別を意味するのではないかと考えたのです。

交換の対象となるものには価値が付与されます。つまり、近親女性は他の集団に贈る（交換する）ための価値を持つ対象となります。そうであれば、近親相姦は交換の仕組みを閉ざしてしまう行為となり、タブー視されるはずです。

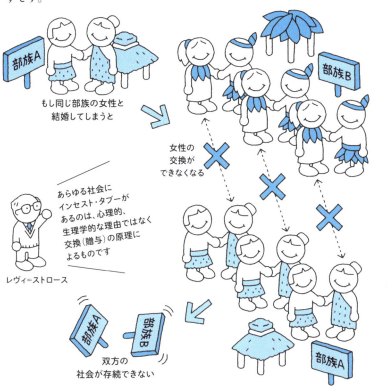

西洋にも日本にも女性が嫁ぐ**習慣**がありますが、私たちはその**習慣**の本当の意味を意識してはいません。「女性の交換」に限らず、贈与と返礼の交換という習慣で社会を維持する**構造**は、様々な社会に見られると**レヴィ＝ストロース**は言います。社会の根底に横たわるこうした**構造（習慣や文化）**に、人間は無意識に従っているだけだと彼は考えます（構造主義P159）。

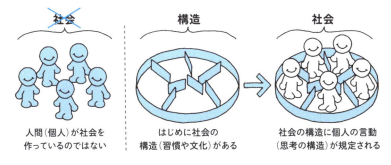

構造主義

意　味　人間の言動は、自分が属する習慣や文化（社会構造）に無意識的に規定されているという考え方
文　献　『親族の基本構造』『野生の思考』
メ　モ　構造主義は他にアルチュセール、前期のフーコーなど

社会理論

フランス人は蝶も蛾も「パピヨン」という言葉で言いあらわします。つまりフランス人にとって「蛾」（あるいは蝶）は存在しません。このことで「蛾」という存在があるから私たちはそれに「蛾」という名前を付けているわけではないということがわかります。

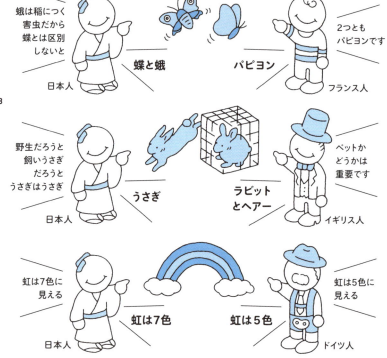

まず一つ一つの要素が存在していて、それに名前が振り当てられているのではありません。私たちが世界を**言語**で区切ることで一つ一つの要素が存在できているのです。私たちはこの言語世界の範囲内で思考しています。このことから、人間の思考（の構造）は、自分が属する社会や文化（の構造）に無意識的に支配されていると**レヴィ＝ストロース**は考えました。

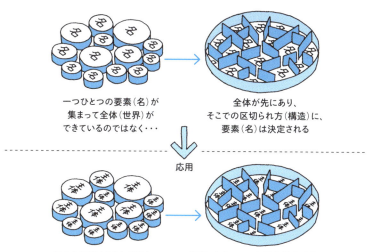

たとえば「未開社会」と呼ばれてきた共同体に暮らす人々は、西洋とは違った世界の区切り方をしています。その区切り方で成立している社会は、西洋の「文明的」な社会と比べて、人間として遅れた発展段階にあるわけではありません。これが構造主義の考え方です。

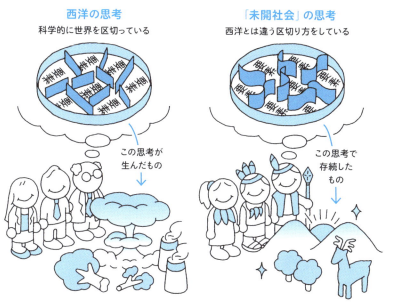

メリトクラシー

意 味 業績主義、能力主義のこと

メ モ 従来のメリトクラシーは学歴などが評価基準だったが、近年では「コミュニケーション力」「人間力」など、新たな「能力」が求められつつある(ハイパー・メリトクラシー)

階級と階層

近代社会(資本主義社会)では、生まれや家柄ではなく自分自身の**能力**によって社会的な地位が決定されるようになりました。このように個人の能力が地位や権力を決定する社会や状況のことをヤングはメリトクラシーと呼びました。

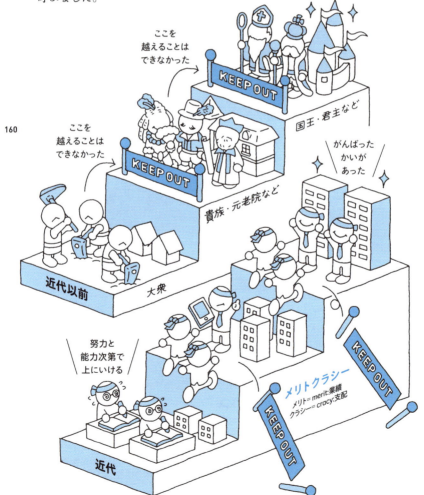

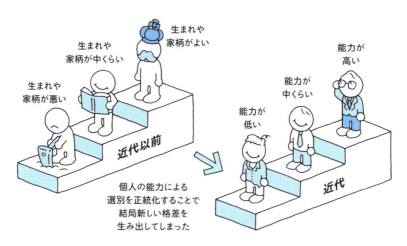

メリトクラシーのように、生まれではなく個人の能力が社会的地位を決める世の中は、平等で望ましいように思えます。けれども能力による選別が絶対的なものになると、新たな格差や支配構造を生んでしまいます。ヤングはメリトクラシーという言葉を用いて、能力主義の行きすぎに警鐘を鳴らしました。

近代はメリトクラシー

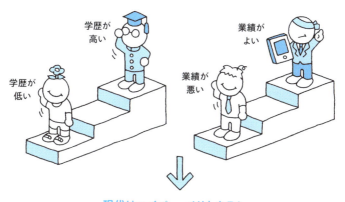

現代はハイパー・メリトクラシー

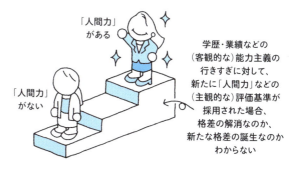

疑似イベント

▶123

意　味　素朴な事実に、マスメディアがドラマ的な加工をすることで作られる二次的な現実
文　献　『幻影(イメジ)の時代』
メ　モ　この視点は、後の記号的消費論(P244)に通じる

マスメディアが事実に似せて製造する出来事や、事実の一部をあえて大々的に切り取ってみせる視点のことをブーアスティンは疑似イベントと呼びました。マスメディアが映すものは往々にして「事実」ではありません。

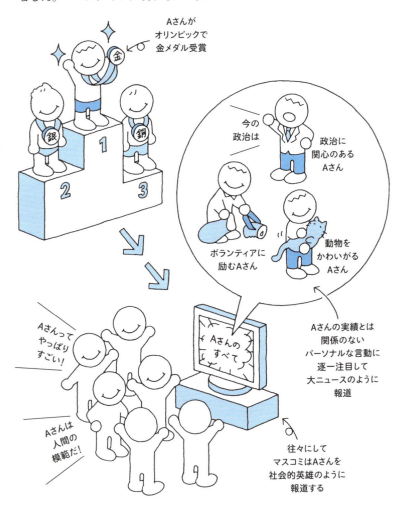

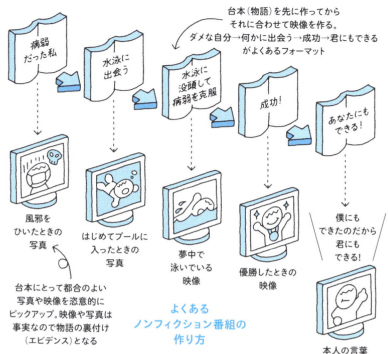

よくある
ノンフィクション番組の
作り方

ブーアスティンは、疑似イベントの仕掛け人が、一方的にこうした視点を製造していると考えたわけではありません。人々は世界に対して、ドラマティックな出来事を期待するものです。疑似イベントは、人々のそうした期待に沿って提供され続けます。

人は事実ではなく、信じたいことを信じる

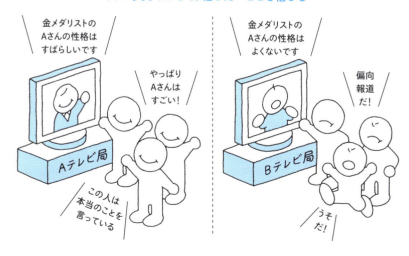

メディアはメッセージ

▶122

意味　メディア(テレビ・新聞・雑誌・インターネットなど)が伝える情報の内容とは別に、メディアの形式そのものが人間や社会に影響を与えているということ
文献　『メディア論』

メディアとは通常、何らかのメッセージを受け手に運ぶための手段にすぎないと考えられています。そして人に影響を与えるのは、メディアが運ぶメッセージの**内容**であるとされます。

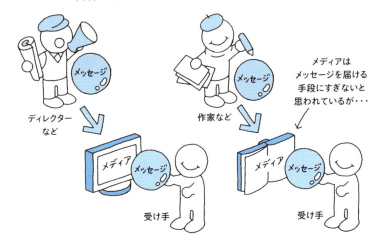

けれども**マクルーハン**は、メディアの**形式**が人の思考や行動に大きな影響を与えると主張しました。メディアが運ぶメッセージとは別に、**メディアそのもの**がメッセージ性を持っているというのです。**マクルーハン**はこれをメディアはメッセージであると表現しました。

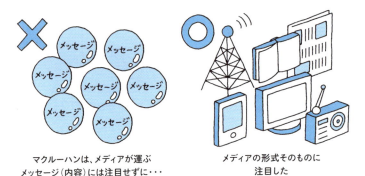

ひと昔前の生活スタイル
テレビの時間に生活を合わせる必要があった

インターネット時代の生活スタイル
テレビの時間に生活を合わせる必要がなくなった

マクルーハンは、新しいメディアは、人々の思考や行動を根本的に変えると考えました。ということは、新しいメディアの登場が新しい社会を誕生させるということになります。

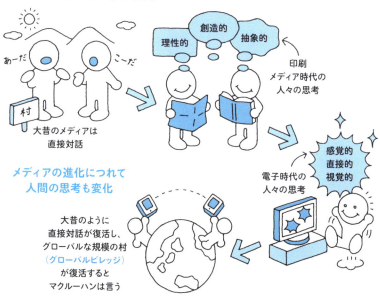

人間の拡張

▶122

意味 メディアを人間の器官が外化したものと捉えること
メモ マクルーハンは『グーテンベルクの銀河系』で、活字印刷技術の登場が声（言葉）の拡張に大きく貢献したことを論じた

マクルーハンはメディアを人間の拡張と考えました。彼にとってメディアとは、いわゆるテレビや本、あるいは電話や手紙だけをさすわけではありません。彼はあらゆる人工物をメディアとして捉えました。

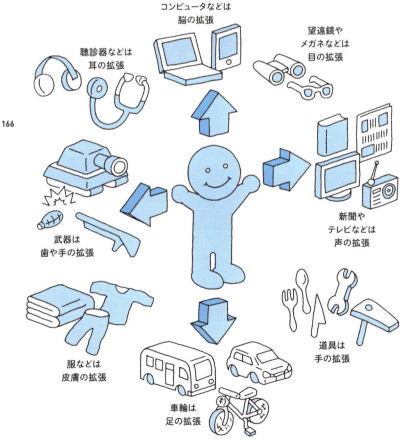

コンピュータなどは脳の拡張
聴診器などは耳の拡張
望遠鏡やメガネなどは目の拡張
武器は歯や手の拡張
新聞やテレビなどは声の拡張
服などは皮膚の拡張
道具は手の拡張
車輪は足の拡張

マクルーハンはあらゆる人工物を人間の身体能力を補強するメディアと捉えた

たとえば、望遠鏡・顕微鏡などのメディアは目の拡張、車輪ならば足の拡張というように、人間が作り出したテクノロジー全般をメディアと捉え、生身の身体を拡張させるものと**マクルーハン**は考えました。メディアを身体と捉えると、新たに生み出されるテクノロジーが、人間の身体感覚に変化をもたらすことがわかります。

一人ひとりの身体感覚が変化すれば、自動的に社会全体も変化することになります。マクルーハンにとって人類の歴史とは、メディアの進化によって人間の身体が拡張し、感覚が変化していく過程にほかなりません。

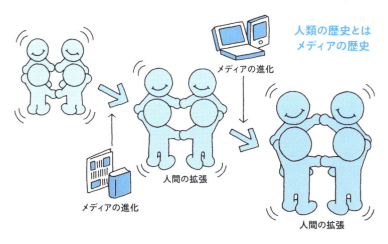

〈子供〉の誕生

意　味　〈子供〉という概念は近代に生まれたということ
文　献　『〈子供〉の誕生』
メ　モ　〈子供〉に対する特別な意識は、まず16〜17世紀の上流階級で生まれた

「子ども」は、いつの時代にも存在していたわけではありません。〈子供〉という概念は17世紀頃に生まれたと**アリエス**は言います。近代的な学校制度の整備を転機に「ある程度の年齢までは保護し育てるもの」という発想が生まれ、「大人」とは異なる存在として〈子供〉が登場したというのです。それまでは、「小さな大人」しか存在しませんでした。

17世紀以前の子どもは単に大人よりも能力の劣った一人前でない「小さな大人」だった

近代的な学校制度が整備される

次ページへ

〈子供〉の誕生
ある程度の年齢までは、保護して育てるという考えが生まれ、大人とは異なる〈子供〉という概念が誕生する

〈子供〉を中心とした核家族が誕生する

その後、〈子供〉と親を中心とした単位で考える近代的な家族観が生まれます。〈子供〉は大人よりも、安全や教育、愛情などが保証されやすくなりましたが、一方で〈子供〉や母親の広い社交関係は薄れました。

今後、家族観はどう変化する？

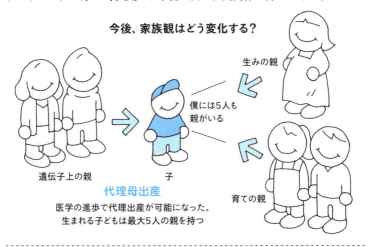

代理母出産
医学の進歩で代理出産が可能になった。
生まれる子どもは最大5人の親を持つ

デザイナーベイビー
遺伝子操作や、精子バンクによって
意図的に優秀な子を作ることが可能となった

遺伝子操作
クローン技術によって
人間の複製が可能になった

私たちが当り前だと考えている大人／子どもという区別に基づいた家族観は、ごく近代の産物です。遺伝子操作、人工授精、代理出産などが可能となった今、家族観はこの先どう変化していくのか知る由もありません。

第二の性

文献 『第二の性』
メモ 生物学的な性差であるセックスではなく、社会的に作られた性差であるジェンダー（P238）という概念を世に広めるのに、『第二の性』が果たした役割は大きい

ボーヴォワールは、男性こそが人間の主体として扱われているのに対して、女性はその主体にとっての他者である第二の性の立場に置かれていると指摘しました。「女性」は、先天的にそのようなものとして生まれるのではなく、後から文化的・社会的に作られるのだと彼女は言います。

フェミニズム

意　味　女性の自己決定権を主張し、性差別からの解放を目指す運動や思想のこと

メ　モ　生物学的な性差をセックス(P238)。社会的・文化的に作られた性差をジェンダー(P238)という

ジェンダーとセクシュアリティ

男性中心主義的な社会に異議を唱え、性差別の廃止や女性の解放・権利拡張を目指す運動や思想を**フェミニズム**と呼びます。**フェミニズム**は歴史的に見て、第1波、第2波、第3波に分けられます。

第1波
19世紀〜1960年代
参政権など、法的に男性と同等の権利を獲得するための運動が展開される

第2波
1960〜1970年代
古い結婚観、性別役割分業などを見直し、形式だけでなく実質的な平等が求められていく

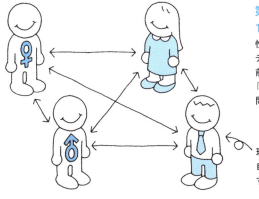

第3波
1990年代〜
性に関するアイデンティティが多様であることを前提に、「女性らしさ」や「男性らしさ」の意味が問い直される

現代は、性別に捉われず、自分らしい生き方を選択する時代

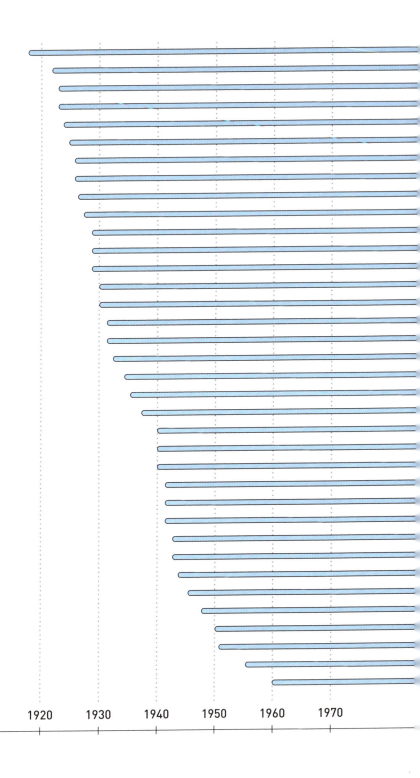

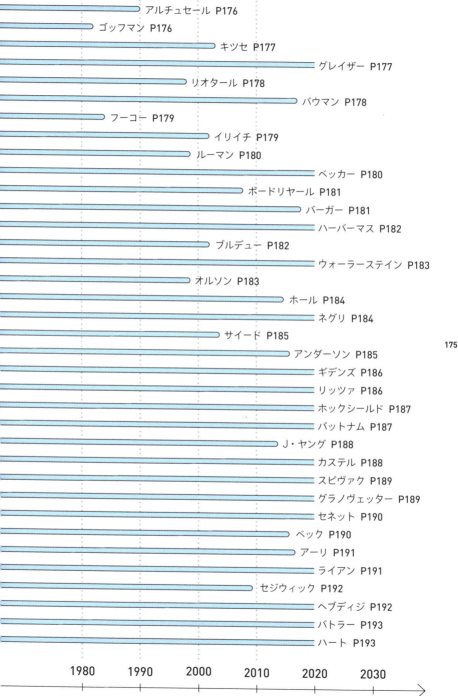

『マルクスのために』『再生産について』

ルイ・アルチュセール
Louis Pierre Althusser　▶P204

フランスの哲学者。第二次世界大戦で兵役に召集され捕虜生活を経験する。戦後にフランス共産党に参加し、党内部からスターリン批判を行うなど政治的な実践も活発に行った。高等師範学校勤務時にはミシェル・フーコーやジャック・デリダなどを指導する。1980年に妻を絞殺して精神病院に収容される。退院した後も執筆活動を続け、1990年に死去。

『行為と演技』『儀礼としての相互行為』

アーヴィング・ゴッフマン
Erving Goffman　▶P196〜198

アメリカの社会学者。ウクライナからのユダヤ系移民の子として、カナダのアルバータ州に生まれる。シカゴ大学で人類学者W・L・ワーナーの影響を受ける。シェットランド島の島民生活やワシントンD.C.の精神病院・聖エリザベス病院の入院患者の日常生活を観察するなど、フィールドワークを行う。演劇論的アプローチを採用した研究で知られる。

人々が「何を問題とみなしてクレームを申し立てるのか」を研究の対象にすべきだと考えた

社会問題の適切な定義は存在しない。

何が社会問題であるのかが客観的に定義されるということ自体に疑いの目を向けた

1923～2003

ジョン・I・キツセ
John Itsuro Kitsuse　▶P208

主著『社会問題の構築』

アメリカの社会学者。日系2世としてカリフォルニア州に生まれる。日本名はイツロウ（Itsuro）。第二次世界大戦中を日系人強制収容所で過ごす。ラベリング理論を展開させ、エスノメソドロジーと統合して、構築主義アプローチを推し進めた。M・B・スペクターとの共著『社会問題の構築』は、構築主義の代表的な著作である。

グレイザーが、アメリカ合衆国の「メルティングポット」神話を解き、後に新たな比喩として「サラダボウル」が登場する

文化は混ざることはあっても溶けることはない。

それぞれの民族は、共存はしても同化はしないため、「人種のるつぼ（メルティングポット）」という比喩は理にかなわないと考えた

1923～

ネイサン・グレイザー
Nathan Glazer　▶P256

主著『人種のるつぼを越えて』

アメリカの社会学者。ユダヤ系移民の子としてニューヨークに生まれ、家庭ではイディッシュ語を話していた。カリフォルニア大学バークレー校、ハーバード大学で教鞭をとり、また新保守主義の雑誌「パブリック・インタレスト」の編集もつとめた。後にアメリカ上院議員となるD・P・モイニハンとの共著『人種のるつぼを越えて』は、「エスニシティ」という語が浸透するきっかけになる。

主著『ポストモダンの条件』

建築分野で装飾性、多様性の回復を意味したポストモダンという語をリオタールは現代思想に用いた

大きな物語は終焉した。

「大きな物語」とは社会全体に目標を与えるような思想、イデオロギーのこと

1924〜1998

ジャン゠フランソワ・リオタール
Jean-François Lyotard ▶P234

フランスの哲学者。ヴェルサイユに生まれる。リセの教師として赴いたアルジェリアで、急進的マルクス主義者として活動する。その後、パリに戻り、パリ第8大学教授、国際哲学コレージュの議長などをつとめる。1979年に上梓された著書『ポストモダンの条件』は、ポストモダンという単語を世に広めることに寄与した。

主著『リキッド・モダニティ』

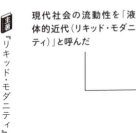

現代社会の流動性を「液体的近代(リキッド・モダニティ)」と呼んだ

液状的で流動的な近代。

伝統や秩序が解体された今日は、自由であると同時に不安定、不確実な流動性の時代だと指摘する

1925〜2017

ジグムント・バウマン
Zygmunt Bauman ▶P266

ポーランド出身の社会学者。ユダヤ系の家庭に生まれ、ナチスの台頭から逃れて旧ソ連に移住する。大戦後に帰国してワルシャワ大学で教鞭をとるが、六日戦争を契機にポーランドでは反ユダヤ主義が噴出、その余波でワルシャワ大学を解雇される。これを機にポーランドを出国、各国を転々とした後イギリスのリーズ大学を拠点に研究を続けた。

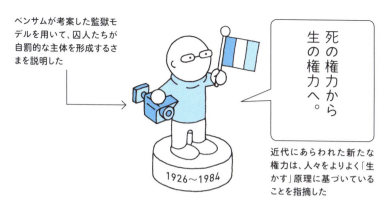

ミシェル・フーコー
Michel Foucault　▶P205〜206

フランスの哲学者。ポワティエ市に外科医の子として生まれる。高等師範学校在学中には自殺未遂を繰り返す不安定な時期を過ごし、ルイ・アルチュセールの手助けを受ける。1966年出版の『言葉と物』によって構造主義の旗手として注目を集める。コレージュ・ド・フランスの教授に就任以降は、身体と権力にまつわる問題系に傾斜する。1984年、エイズによる敗血症で死去。

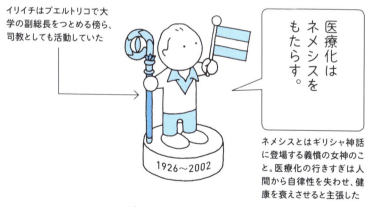

イヴァン・イリイチ
Ivan Illich　▶P228

オーストリア生まれの哲学者。グレゴリアン大学で哲学と神学を学び、ザルツブルク大学では歴史学を修める。プエルトリコのカトリック大学で副学長をつとめた後、メキシコで国際文化形成センターを設立し、ラテンアメリカに対するアメリカやローマ教皇庁の姿勢に抵抗する拠点とした。産業社会が招いた社会的サービスの害に着目し、脱医療化や脱学校化を説いた。

『社会システム理論』『社会の社会』

生物学の自己産出システム（オートポイエーンス）を、社会システムに大胆に応用してみせた

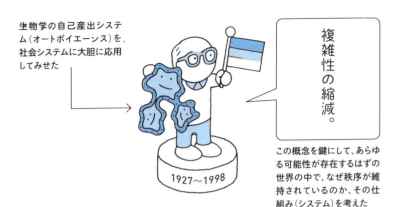

複雑性の縮減。

この概念を鍵にして、あらゆる可能性が存在するはずの世界の中で、なぜ秩序が維持されているのか、その仕組み（システム）を考えた

1927～1998

ニクラス・ルーマン

Niklas Luhmann　▶P250～254

ドイツの社会学者。行政官僚として働く傍ら論文を執筆し、行政官向けの奨学生に応募して1960年にハーバード大学に留学、タルコット・パーソンズの社会学に出会って帰国後に研究職に移行する。ビーレフェルト大学社会学部に職を得て、定年退職までを同大学で過ごした。社会システム論をめぐるユルゲン・ハーバーマスとの論争は、ルーマンの名を世に知らしめることにもなった。

『アウトサイダーズ』『アート・ワールド』

社会的な相互作用から逸脱者が生み出される過程を捉えるラベリング理論を提起した

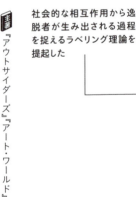

逸脱は作られる。

犯罪や非行など逸脱行動をとった者を逸脱者にするのは、周囲からのレッテルであると指摘した

1928～

ハワード・S・ベッカー

Howard Saul Becker　▶P194

アメリカの社会学者。シカゴ大学でエヴァレット・ヒューズやH・G・ブルーマーに学ぶ。同時期のシカゴ大学にはアーヴィング・ゴッフマンらがいた。マリファナ使用者やダンスミュージシャンへの調査に基づく逸脱研究や、芸術作品の価値が芸術世界の参加者たちの集合行動によって決まると指摘したアート・ワールド研究で知られる。

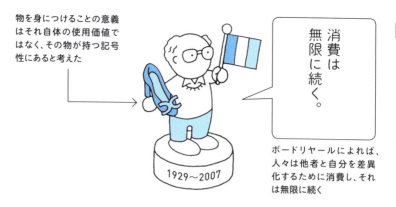

ジャン・ボードリヤール
Jean Baudrillard　▶P244〜246

フランスの哲学者。リセでドイツ語の教師をしながら、マルクス=エンゲルス全集の翻訳に参加する。初の著作『物の体系』のもととなる論文で博士号を取得後、パリ大学ナンテール校の教員となる。記号論を採り入れた消費社会論、またシミュラークル論を展開して大量消費社会を読み解く論者として幅広く読まれ、日本でも1980年代に大きな注目を浴びた。

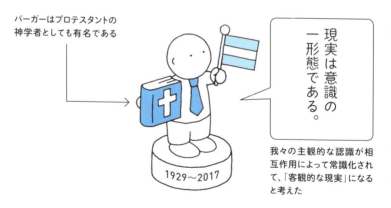

ピーター・L・バーガー
Peter Ludwig Berger　▶P208（構築主義）

オーストリアのウィーン生まれの社会学者。1946年にアメリカに移住する。ニュースクール・フォー・ソーシャルリサーチ大学院で学び、いくつもの大学で社会学と神学を教える。トーマス・ルックマンとの共著『現実の社会的構成』は、その後の社会構築主義に大きく影響を与えた。1980年代には南アフリカに足繁く通い、反アパルトヘイト運動に力を注いだ。

主著『公共性の構造転換』『コミュニケイション的行為の理論』

近代市民の自由な議論がコーヒーハウスなどで育まれたことに着目して公共圏を論じた

道具としての言葉の利用はコミュニケーションではない。

あるべき公共圏の姿を取り戻すために、道具的理性ではなく、互いを理解する対話的理性に可能性を見いだした

1929〜

ユルゲン・ハーバーマス
Jürgen Habermas　▶P200〜203

ドイツ生まれの哲学者。少年期をヒトラー・ユーゲントの一員として過ごし、敗戦を機にアメリカによる占領の下で民主主義に触れる。博士号取得後、フランクフルト社会研究所に入るも、マックス・ホルクハイマーとの立場の相違から辞職。ハイデルベルク大学などを経た後、再度フランクフルト大学に職を得て1994年に退官した。ニクラス・ルーマンらと数々の論争も展開した。

主著『ディスタンクシオン』『実践感覚』

文化資本によって社会階級が再生産されていることを指摘した

趣味は階級を刻印する。

趣味趣向が本人の階層的背景、文化的背景にいかに結びついているかの解明に取り組んだ

1930〜2002

ピエール・ブルデュー
Pierre Bourdieu　▶P214〜216

フランスの社会学者。南仏のピレネー・アトランティックに郵便局員の子として生まれる。パリの上流階級出身者が多いエリート高等教育機関で、地方の庶民階級出身者として過ごした経験が後の研究の礎になる。リセ教師時代に兵役でアルジェリアへ出征、そのまま現地で教職に就く。フランス帰国後は社会科学高等研究院を経てコレージュ・ド・フランスの教授となった。

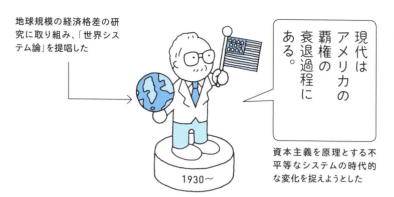

イマニュエル・ウォーラーステイン
Immanuel Wallerstein　　▶P220

アメリカの社会学者。ニューヨークのユダヤ人家庭に生まれる。第二次世界大戦中は、ナチズムへの対抗手段について論じ合う政治意識の高い家庭で育つ。コロンビア大学で学び、修士論文ではマッカーシズム、博士課程ではアフリカ研究に取り組む。主著『近代世界システム』は1974年から2011年の長期にかけて全4巻で順次刊行された。

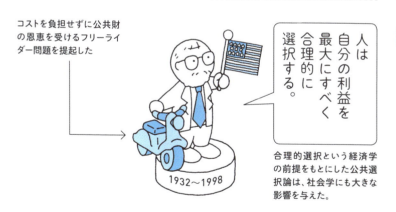

マンサー・オルソン
Mancur Lloyd Olson, Jr.　　▶P233

アメリカの経済学者。アメリカのノースダコタ州生まれ。ノースダコタ州立大学、イギリスのオックスフォード大学で学び、ハーバード大学で博士号を取得。プリンストン大学准教授を経て、1969年にメリーランド大学に職を得ると66歳で死去するまで同大学につとめ続けた。1982年に刊行した『国家興亡論』は世界各国で翻訳される大ベストセラーになった。

主著 "Encoding/Decoding"

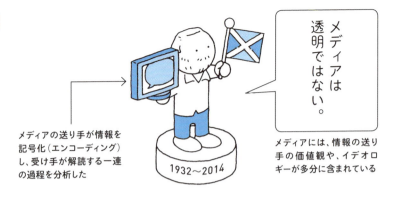

メディアは透明ではない。

メディアの送り手が情報を記号化（エンコーディング）し、受け手が解読する一連の過程を分析した

メディアには、情報の送り手の価値観や、イデオロギーが多分に含まれている

1932〜2014

スチュアート・ホール
Stuart Hall　▶P242

カルチュラル・スタディーズの研究者。イギリス統治下にあったジャマイカの首都キングストンに生まれる。イギリスに移住してオックスフォード大学で学ぶ。新左翼の活動に関わり、「ニューレフト・レビュー」創設にも参加。1964年からはバーミンガム大学現代文化研究センターに加わり、同センターを代表する研究者になってゆく。

主著 『〈帝国〉』『マルチチュード』

脱中心的で脱領土的な支配装置が〈帝国〉である。

グローバル民主主義を推進する主体としてのマルチチュードに期待を寄せる

超国家的な新たな権力の存在を指摘し、これを〈帝国〉と呼んだ

1933〜

アントニオ・ネグリ
Antonio Negri　▶P260〜262

イタリアの哲学者、活動家。イタリアのパドヴァ生まれ。元パドヴァ大学教授。1979年、テロリストの容疑を不当にかけられて逮捕・投獄される。フランスへ亡命の後帰国して再度収監され、2003年に自由の身となって以降も精力的に言論活動を続ける。ネグリの名を世界に知らしめたマイケル・ハートとの共著『〈帝国〉』は、再収監されていた際に獄中で執筆された。

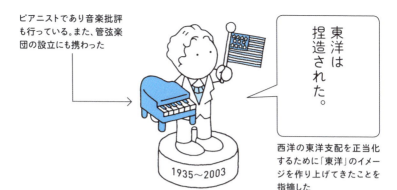

エドワード・サイード

Edward Wadie Said　▶P212

パレスチナ系アメリカ人の文学研究者。イギリス委任統治下のエルサレムに生まれる。アメリカに移り住みハーバード大学で博士号を取得、コロンビア大学教授となった他、ハーバード大学など複数の大学で教鞭をとる。パレスチナ解放機構の活動を支援し、自身もパレスチナ民族評議会の議員を14年間つとめる。主著『オリエンタリズム』でポストコロニアル論を確立した。

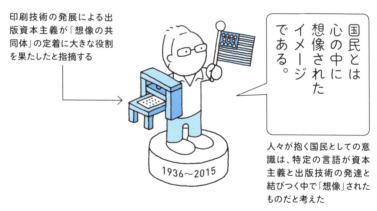

ベネディクト・アンダーソン

Benedict Richard O'Gorman Anderson　▶P218

アメリカの政治学者。アイルランド人とイギリス人の両親のもとに生まれ、中国の昆明で幼少期を過ごす。イギリスのケンブリッジ大学で西洋古典を専攻後、アメリカのコーネル大学大学院でインドネシア研究を行う。コーネル大学の教員となってタイやフィリピンの研究も進め、2002年まで同大学につとめる。79歳のときに滞在先のインドネシアで死去。

主著 『社会学の新しい方法規準』『近代とはいかなる時代か?』『第三の道』

アンソニー・ギデンズ
Anthony Giddens　▶P270〜276

イギリスの社会学者。労働者階級の子としてロンドン郊外に生まれる。ハル大学に入学して心理学や社会学を学び、ロンドン・スクール・オブ・エコノミクスの大学院に進む。当初は行政職を目指したが、レスター大学講師着任を機に研究者の道へ進む。30冊以上の著作、200本以上の論文を執筆し、国際的に著名な社会学者となる。爵位を授与され、労働党の貴族院議員もつとめた。

主著 『マクドナルド化する社会』

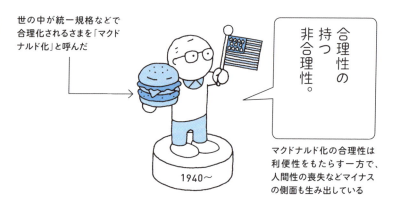

ジョージ・リッツァ
George Ritzer　▶P224

アメリカの社会学者。第二次世界大戦後の繁栄を迎えるニューヨークで生まれ、青年期までを過ごす。コーネル大学で博士号を取得、トゥレーン大学、カンザス大学を経てメリーランド大学教授となる。マックス・ウェーバーの合理化論に立脚して現代社会を捉えた「マクドナルド化」の概念は、学問の世界のみならずジャーナリズムや文明批評にもインパクトを与えた。

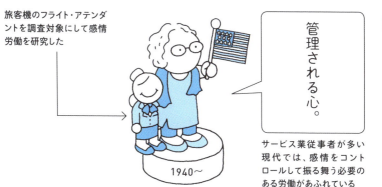

旅客機のフライト・アテンダントを調査対象にして感情労働を研究した

管理される心。

サービス業従事者が多い現代では、感情をコントロールして振る舞う必要のある労働があふれている

主著『管理される心』『セカンド・シフト』

アーリー・ラッセル・ホックシールド
Arlie Russell Hochschild　▶P230〜232

アメリカの社会学者。ボストン生まれ。スワースモア大学で学び、チャールズ・ライト・ミルズやアーヴィング・ゴッフマンの著作に触れて社会学への関心を高めた。カリフォルニア大学バークレー校の大学院に進むと、アカデミックの世界の女性差別に直面し、女性の地位改善運動にも参加した。博士号を取得後はバークレー校で教職に就き、就労女性研究センター所長なども歴任している。

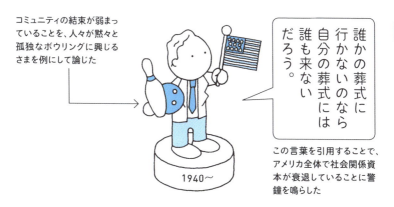

コミュニティの結束が弱まっていることを、人々が黙々と孤独なボウリングに興じるさまを例にして論じた

誰かの葬式に行かないのなら自分の葬式には誰も来ないだろう。

この言葉を引用することで、アメリカ全体で社会関係資本が衰退していることに警鐘を鳴らした

主著『孤独なボウリング』

ロバート・パットナム
Robert David Putnam　▶P248

アメリカの政治学者。ニューヨーク州ロチェスターに生まれ、オハイオ州で育つ。イェール大学で博士号を取得、ミシガン大学で教鞭をとった後、ハーバード大学教授となる。ソーシャル・キャピタル（社会関係資本）の代表的な論者として知られる。アメリカの地域社会の推移を考察した『孤独なボウリング』は大きな反響を呼んだ。

『排除型社会』

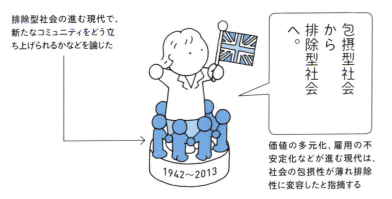

排除型社会の進む現代で、新たなコミュニティをどう立ち上げられるかなどを論じた

包摂型社会から排除型社会へ。

1942〜2013

価値の多元化、雇用の不安定化などが進む現代は、社会の包摂性が薄れ排除性に変容したと指摘する

ジョック・ヤング
Jock Young　▶P264

イギリスの社会学者、犯罪学者。スコットランドのミッドロージアンに、大型トラック運転手の子として生まれる。ロンドン・スクール・オブ・エコノミクスで学び、博士課程ではノッティングヒルの薬物使用者を研究テーマにした。犯罪問題を中心に研究、発信を続け、イギリス政府の排除的な犯罪統制政策への批判も行った。

『都市問題』

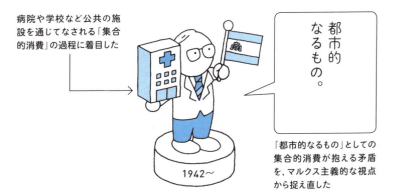

病院や学校など公共の施設を通じてなされる「集合的消費」の過程に着目した

都市的なるもの。

1942〜

「都市的なるもの」としての集合的消費が抱える矛盾を、マルクス主義的な視点から捉え直した

マニュエル・カステル
Manuel Castells　▶P210

スペイン生まれの社会学者。スペインのラ・マンチャに生まれる。バルセロナ大学で学んでいたが、フランコ政権へのレジスタンス活動に加わっていたことで亡命を余儀なくされ、フランスに逃れる。パリ大学で教職に就いた後も社会運動に身を投じ続ける。拠点をアメリカに移してからはカリフォルニア大学バークレー校、南カリフォルニア大学で教授をつとめる。

J・デリダ『グラマトロジーについて』を英訳した際にスピヴァクがつけた長大な序文は大きな話題を呼んだ

サバルタンは語ることができるか？

サバルタンではない人間が、驕ることなくサバルタンの声を聞くためには、自分の価値観を一度無にしなければならないと考えた

ガヤトリ・C・スピヴァク
Gayatri Chakravorty Spivak ▶P226

インド出身の比較文学者。19歳でコルコタ大学を卒業して渡米、コーネル大学の大学院でポール・ド・マンの指導を受ける。テキサス大学などを経て、コロンビア大学教授。サバルタン（植民地支配の統治下に置かれた人々）の女性をめぐる議論以降、フェミニズム、マルクス主義、脱構築主義を議論の基盤として文学や哲学、歴史、グローバリズムなど様々なテーマで発信を続ける。

人的つながりを意味する「紐帯」を手がかりに労働者の転職行動を観察した

弱い紐帯の強さ。

求職者が就業情報を得るのは親密な他者よりもむしろ関わりの薄い他者からであることを検証した

マーク・グラノヴェッター
Mark Granovetter ▶P217

アメリカの社会学者。ハーバード大学でハリソン・ホワイトの指導を受けて博士号を取得。ノースウエスタン大学、ニューヨーク州立大学ストーニーブルック校、ジョンズ・ホプキンス大学で教鞭をとった後、スタンフォード大学教授職に就く。経済社会学を専門とし、経済現象が社会構造に「埋め込まれている」ことに着目する。

リチャード・セネット

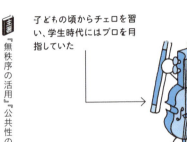

子どもの頃からチェロを習い、学生時代にはプロを目指していた

都市の無秩序は生気のない計画よりもマシである。

都市社会で他者と接触しない閉鎖性が深刻化している中、都市空間の持つ多様性の再興に期待した

「無秩序の活用」「公共性の喪失」

1943〜

Richard Sennett ▶P258

アメリカの都市社会学者。亡命ユダヤ系ロシア人の子としてシカゴに生まれる。シカゴ大学の後ハーバード大学に入り、デヴィッド・リースマンやE・H・エリクソンに学ぶ。イェール大学、ニューヨーク大学を経て、ロンドン・スクール・オブ・エコノミクスの教授となる。ハンナ・アーレントやユルゲン・ハーバーマスとともに公共性をめぐる議論の担い手となった。

ウルリッヒ・ベック

『危険社会』執筆中にチェルノブイリ原発事故が起き、同書の語る「リスク」に強く結びつく社会的文脈が生じた

困窮は階級的であるがスモッグは民主的である。

富や権力によってリスクを避けられる時代ではなくなり、被害を予測できない社会になったことを指摘する

『危険社会』

1944〜2015

Ulrich Beck ▶P278

ドイツの社会学者。フライブルク大学入学後にミュンヘン大学に移り、同大学で博士号を取得。ヴェストファーレン・ヴィルヘルム大学などを経て、ロンドン・スクール・オブ・エコノミクスの教授をつとめる。主著『危険社会』や、アンソニー・ギデンズ、スコット・ラッシュとの共著『再帰的近代化』によって世界的に知られる社会学者となる。

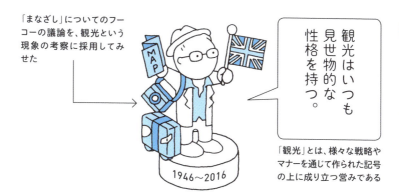

ジョン・アーリ

John Urry　▶P222

イギリスの社会学者。ロンドンに生まれる。ケンブリッジ大学クライスト・カレッジで経済学の修士号を取得した後、社会学に進路を変えて博士となる。1970年からランカスター大学で教職に就く。研究歴は国家権力と革命についての理論に始まり、空間と移動、観光社会学、さらには環境社会学へと幅広い分野にわたっている。

デヴィッド・ライアン

David Lyon　▶P268

カナダの社会学者。イギリスのエディンバラに生まれる。ブラッドフォード大学で博士号を取得した後カナダに移住、クイーンズ大学の教授となる。監視社会の研究で名を馳せるが、同時に自身の研究の出発点であった宗教問題にも関心を持ち続け、代表的著作『監視社会』の刊行と前後して『ディズニーランドのイエス』を執筆するなどの研究成果を発表し続けている。

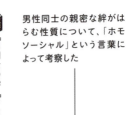

男性同士の親密な絆がはらむ性質について、「ホモソーシャル」という言葉によって考察した

男性のホモソーシャルへの欲望。

男性間のホモソーシャルには女性を支配下に置いたり同性愛を嫌悪するような価値観が見いだせるとした

『男同士の絆』『クローゼットの認識論』

イヴ・セジウィック
Eve Kosofsky Sedgwick　　▶P236

アメリカの文芸批評家、ジェンダー・セクシュアリティ研究者。オハイオ州に生まれる。イェール大学で英文学博士となり、ハミルトン大学、ボストン大学等で教員をつとめた後、ニューヨーク市立大学教授となった。男性と女性、異性愛と同性愛などの二元論を脱構築する視点で発言を続け、クィア・スタディーズの代表的な論者となった。

サブカルチャーのファッションや音楽嗜好や振る舞いを「スタイル」と呼んでその意義を読み解いた

サブカルチャーのスタイルには意味が含まれる。

サブカルチャーの担い手の振る舞いの中に、平準化への抗いや意味の変形などの記号を見て取った

『サブカルチャー』

ディック・ヘブディジ
Dick Hebdige　　▶P240

イギリスの社会学者。バーミンガム大学現代文化研究センターで学ぶ。モッズ、パンク、レゲエなどのカルチャーの中に支配的文化に対する抵抗を見いだし、著作『サブカルチャー』はカルチュラル・スタディーズの研究書としてポピュラーなものになった。カリフォルニア芸術大学などを経て、カリフォルニア大学サンタバーバラ校の教授をつとめる。

男女という二分法が社会的に作られたものである以上、それを実践によって攪乱していくことが可能である

セックスはつねにすでにジェンダーである。

主著 『ジェンダー・トラブル』

「セックス（生物学的な性）」という概念は、社会的に作られたと考えた

1956〜

ジュディス・バトラー

Judith P. Butler　▶P238

アメリカの哲学者、ジェンダー研究者。オハイオ州クリーブランドに生まれる。イェール大学でヘーゲルの『精神現象学』に関する研究で博士号を取得した。ジャック・デリダやミシェル・フーコーの理論も採り入れながら、ジェンダー・セクシュアリティ研究の著作を発表し続ける。イヴ・セジウィックとともに1990年代以降のセクシュアリティ研究の牽引者となった。

世界中の人々がネットワーク状につながり問題解決を目指す「マルチチュード」の可能性を論じた

地球規模で民主主義を実現する可能性があらわれつつある。

主著 『〈帝国〉』『マルチチュード』

グローバルな〈帝国〉に抵抗する、グローバルな民主主義の勃興を著書『マルチチュード』で論じた

1960〜

マイケル・ハート

Michael Hardt　▶P260〜262
（〈帝国〉・マルチチュード）

アメリカの哲学者、比較文学者。南カリフォルニア大学での教職などを経て、デューク大学教授となる。アントニオ・ネグリがスピノザについて論じた『野生のアノマリー』を翻訳する折にネグリ本人と出会い、1994年に初の共著を発表する。その後の共著『〈帝国〉』『マルチチュード』で両者の名は広く知れ渡り、2009年に共著三部作を締めくくる『コモンウェルス』が刊行された。

ラベリング理論

意　味　逸脱は社会からのレッテル貼りから生まれるという説
文　献　『アウトサイダーズ』
メ　モ　マートンの予言の自己成就(P137)などをもとに発展した考え方。後に構築主義(P209)に影響を与えた

犯罪などの**逸脱行為**について考えるとき、行為者に注目するのではなく、その人に対して周りが「この人は逸脱者である」という**ラベル**を貼りつける**過程（ラベリング）** に注目する考え方を**ラベリング理論**といいます。まず注目すべきは、「何が逸脱(異常)であるか」はあらかじめ決まっているのではなく、時代や社会が決定するという点です。

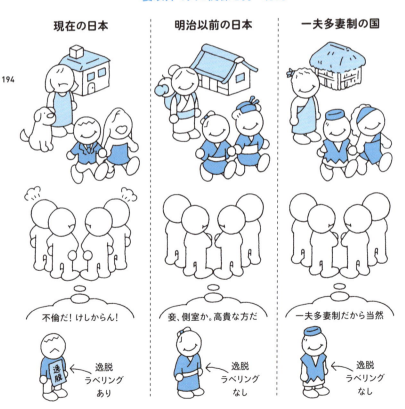

「逸脱」は行為そのものに付随しているのではなく、周りの意識の中にある

つまり逸脱(犯罪や不良)は、行為そのものに付随しているのではなく、周り(社会)の意識の中にあります。そして、逸脱行動を起こした人に対して、周りが「逸脱」の**ラベル**を貼ると、貼られた人は逸脱者としてのアイデンティティを作り上げてしまいます。すると周りはますますその人を遠ざけ、その人の逸脱行動はさらに増えていくことになります。人々(社会)は、それを行えば逸脱となるようなルールを作り、誰かに**ラベル**を貼ることでそれを適用し、逸脱を生み出し続けているのです。

悪いラベルを貼るとさらに悪くなる

よいラベルを貼るとさらによくなる

スティグマ

▶176

意 味　社会から望ましくないとみなされるラベル(P194)
文 献　『スティグマの社会学』
メ モ　既成の価値観や権威への問い直しがさかんだった1960年代に、ラベリング理論(P194)とともに議論された

自己と相互行為

ラベリング(P194)には、よいイメージのラベルと、悪いイメージのラベルがあります。このうち社会から望ましくないとみなされる悪いイメージのラベルをゴッフマンはスティグマ(烙印)と呼びました。

よいイメージのラベル

真面目！　誠実！

怖い！　不真面目！

スティグマ
社会から逸脱しているとされるイメージのラベルをスティグマという

ゴッフマンによれば、周りと違った特徴や属性を持つ人が差別されるような場合、その特徴そのものがスティグマではありません。その特徴によって人々から避けられるといった社会関係を生む要因がスティグマです。

属性や特徴そのものがスティグマではない。
よって「スティグマを持つ者」は実在しない。「スティグマを押す」とは、
ある社会の中で、ある属性や特徴を差別すること

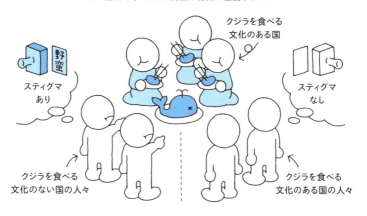

スティグマは社会が生み出します。ですから**スティグマ**を押された人や集団に対する偏見を、社会が正当化していることが多くあります。

ドラマツルギー

ゴッフマン

意　味　「人は社会の中で俳優のように演技をしている」という視点から人々を観察、考察する方法
文　献　『行為と演技』
メ　モ　ゴッフマンも意味学派(P141)に数えられる

自己と相互行為

私たちはしばしば、他人に好印象を与えるような振る舞いを意図的に行います。こうした振る舞いを自己呈示または印象操作といいます。この振る舞いを演技と捉え、日常生活を舞台にした演技者としての人々を考察するのがゴッフマンのドラマツルギーという視点です。

ドラマツルギーの視点から見た学校

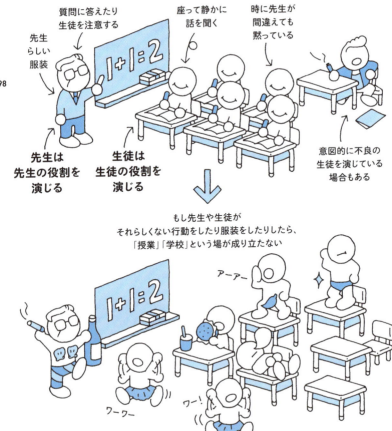

日常における人前での**演技**は、自分を思い通りに見せたいという個人的な欲求のためだけにあるのではありません。上司と部下、先生と生徒など、互いが自分の役割に沿った振る舞いをすることで、「職場」や「授業」といった自分の置かれている場の秩序が成り立ちます。私たちは、**演技者**として、また演技を受け取る**オーディエンス**として、共同作業しながら社会を成り立たせているのです。

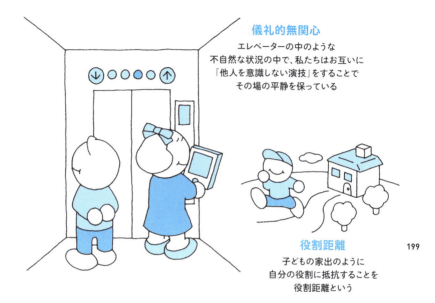

儀礼的無関心
エレベーターの中のような不自然な状況の中で、私たちはお互いに「他人を意識しない演技」をすることでその場の平静を保っている

役割距離
子どもの家出のように自分の役割に抵抗することを役割距離という

私たちはしばしば、混み合った電車やエレベーターの中で、お互いに他人を意識していないような演技をします。こうした儀礼的無関心も日常の秩序を保つ相互作用の1つです。

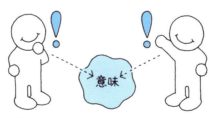

物事の意味を解釈し、それに基づいた相互行為をすることで社会は成り立つとするドラマツルギーの視点は、ブルーマーのシンボリック相互作用論を受け継いでいる

人間同士が**役割**を演じ合うことで、社会を成立させているとする**ドラマツルギー**の視点は、人間同士の相互行為が社会を成立させているとする**ブルーマー**(P119)の**シンボリック相互作用論**(P143)の発展型だといえます。

公共圏(けん)

意　味　市民が公共的な討論をする場
文　献　『公共性の構造転換』
メ　モ　ハーバーマスが『公共性の構造転換』を刊行したのは1962年。1989年に英訳されてから世界的に影響力を持った

ハーバーマスは18世紀のイギリス、フランス等の都市で広まったコーヒーハウスに着目しました。コーヒーハウスでは異なった階層の人々が対等に議論する公共圏（市民的公共圏）が生まれていたと指摘します。

コーヒーハウスでの討論は新聞などの活字メディアで紹介されます。そして活字メディアをもとにまたコーヒーハウスで議論が積み重ねられます。このプロセスによって公権力に批判的な意見が形成されるという流れが公共圏です。公権力に対抗する力を持たなかった公衆が、公共圏の成立によって、公権力に対抗する力を持つことができるようになったのです。

けれども、メディアの中心が活字から**テレビ**になると、状況は一変します。

公共放送は一方的に政治思想を流す

公共放送は政府のプロパガンダを一方的に放送します。また民間放送は、スポンサー企業にとって都合のよい情報しか提供しません。大衆はそれらの情報をただありがたがるだけだと**ハーバーマス**は言います。テレビの普及にしたがって、公共的な討論を生む**公共圏**は廃れていきました。

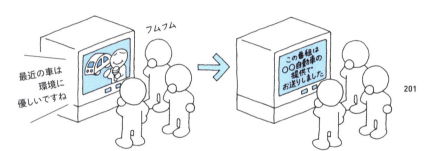

民間放送はスポンサーに都合のいい情報だけを一方的に流す

近年、**インターネット**の普及により、**公共圏**に似たものが復活しました。ただし、インターネットは顔の見えない人同士の無責任な独り言が浮いている場にすぎず、公共的な討論の場とはいえないという見解もあります。

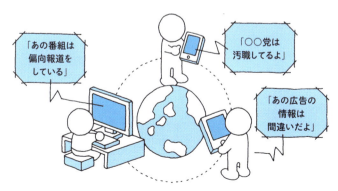

インターネットで公共圏が復活した？

コミュニケーション的理性

▶182

意　味　対等な立場での対話から合意を作り出す力
文　献　『近代の哲学的ディスクルス』
メ　モ　合意に基づく行為をコミュニケーション的行為という

公共性とコミュニティ

初期の**フランクフルト学派**(P100)は、**理性**を自然や人間を支配するための**道具**にすぎないと考えました(道具的理性P101)。けれども**フランクフルト学派**の2世代目にあたる**ハーバーマス**は、**理性**には**コミュニケーション的理性（対話的理性）**もあると主張します。

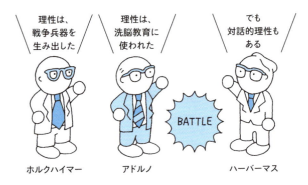

相手に自分の意見を押し付けるための**道具**としての**理性**ではなく、お互いの**合意**に達する**対話**のための**理性**もあると**ハーバーマス**は考えたのです。ただしこうした対話のためには、発言の機会が平等に与えられた**公共圏**(P200)のような状況を確保する必要があります。

生活世界の植民地化

▶182

意　味　対話による合意が生み出す世界(生活世界)が、政治や経済システムに侵食されていること
文　献　『コミュニケイション的行為の理論』
メ　モ　生活世界の植民地化が近代の特徴だとしている

公共性とコミュニティ

ハーバーマスは、コミュニケーション(P202)を最も理想的な行為と考えました。そして日常的なコミュニケーションのために、発言の機会が平等に与えられた世界を生活世界と名付けました。

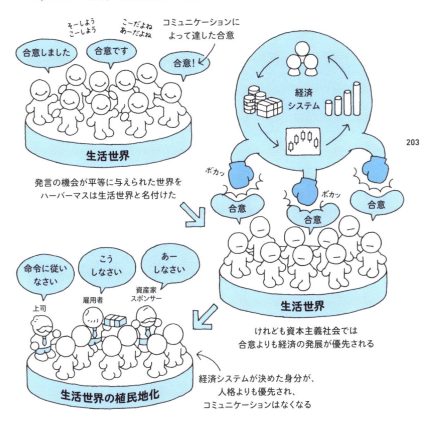

けれども資本主義社会である現代は、経済の仕組み(システム)が人々の行動や地位を自動的に決めてしまっているので、コミュニケーションによる合意で物事を決める機会はめったにありません。こうした状況を(経済)システムによる生活世界の植民地化とハーバーマスは呼びました。

国家の
イデオロギー装置

▶176

文　献　『再生産について』
メ　モ　国家の装置は、抑圧装置（軍隊、警察など）とイデオロギー装置（学校、宗教、メディアなど）からなる

国家とグローバリゼーション

学校、福祉、メディア、宗教などの制度は、個人の思想やイデオロギー（P045）を国家に適したように育成する**国家のイデオロギー装置**だと**アルチュセール**は考えました。**国家のイデオロギー装置**で作られた個人は、いつしかみずから進んで国家に服従し、今度は**イデオロギー**を作る側にまわると彼は言います。

国家のイデオロギー装置

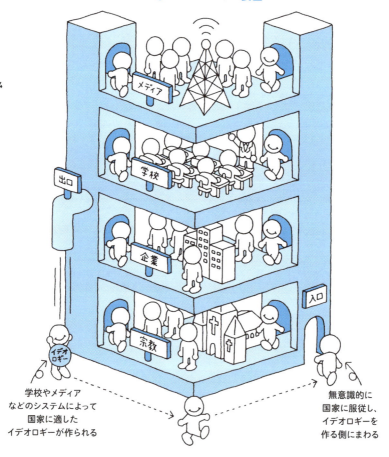

学校やメディアなどのシステムによって国家に適したイデオロギーが作られる

無意識的に国家に服従し、イデオロギーを作る側にまわる

生(せい)の権力

▶179

意　味　人々の生に介入して管理しようとする近代的権力
文　献　『性の歴史』『監獄の誕生』
メ　モ　フーコーは生の権力が成り立った19世紀以降にこそ、戦争や大量殺戮が多いというパラドックスを指摘した

秩序と権力

18世紀以前・死の権力
絶対的な権力者が死刑の恐怖を与えることによって、民衆を支配していた

19世紀以降・生の権力
人々を生かす方向で権力が行使されている。一見すると人々に優しい姿をしているが、人々を資本主義社会に適合させるための効率的な管理体制

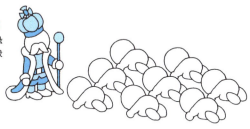

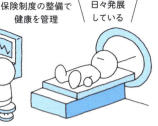

中世の君主は人々に**死を与える権力（死の権力）**で支配を成立させていました。けれども**近代**（資本主義）の**権力**は逆に、人々を生きさせる**生の権力（生-権力）**であると**フーコー**は言います。**生の権力**は、学校教育や軍隊の訓練によって人々を効率的に調教し、また医療や保険などを整備して人々がより健康で安全に生きられるよう管理します。人々の身体と生命を「生かす」方向に権力が行使されているのです。

パノプティコン ▶179

意　味　監獄に用いられる一望監視の仕組み
文　献　『監獄の誕生』
メ　モ　パノプティコンは、刑務所の劣悪な環境を改善するために、J.ベンサム（1748〜1832）が考案したシステム

秩序と権力

近代社会（資本主義社会）の**権力**は、支配者が上から押し付ける構造ではないと**フーコー**は考えました。彼によれば、近代社会の権力は、人々が社会生活の中で自分から規律に従っていく構造になっています。こうした権力のあり方を彼は**パノプティコン**（一望監視装置）という監獄にたとえます。

パノプティコン

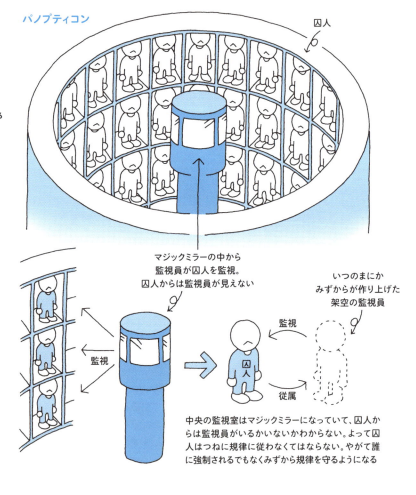

マジックミラーの中から監視員が囚人を監視。囚人からは監視員が見えない

いつのまにかみずからが作り上げた架空の監視員

中央の監視室はマジックミラーになっていて、囚人からは監視員がいるかいないかわからない。よって囚人はつねに規律に従わなくてはならない。やがて誰に強制されるでもなくみずから規律を守るようになる

パノプティコンのように、つねに監視されているという意識から、自分から進んで規律に従順になっていく仕組みは、監獄に限らず会社や学校、病院など日常生活のあらゆるところに浸透しています。

パノプティコン効果
つねに監視されているという意識から、自分から好んで規律に従うようになる。私たちは監視される側でもあるが、いつしか監視する側にもまわっている

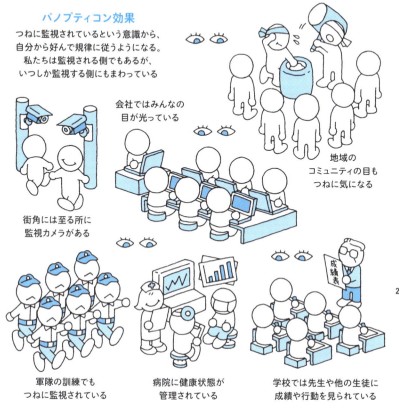

街角には至る所に監視カメラがある

会社ではみんなの目が光っている

地域のコミュニティの目もつねに気になる

軍隊の訓練でもつねに監視されている

病院に健康状態が管理されている

学校では先生や他の生徒に成績や行動を見られている

日常のパノプティコン効果によって、人々はいつしか資本主義社会の矛盾に疑問を持たなくなります。そして自分たちとは異なる価値観を持つ人物を異物として排除していくようになるとフーコーは言います。

人々は無意識のうちに管理、監視する側にいる

構築主義

意 味　社会問題は、その存在の指摘で事実となるという考え
文 献　『社会問題の構築』(スペクター／キツセ)
メ モ　構築主義はベッカーのラベリング理論(P194)から発展した。他にバーガー(P181)、ルックマン(P013)らが構築主義をとる

現在、児童虐待やドメスティックバイオレンス、セクシャルハラスメントなどが社会問題となっています。けれども50年以上前は、これらの問題は存在しませんでした。それが問題であるという認識が人々になかったからです。

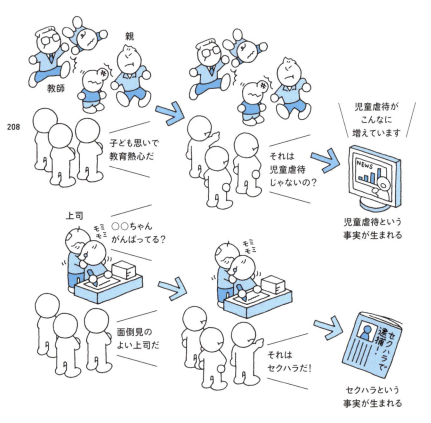

社会の中にある問題は、あらかじめ客観的に存在しているわけではありません。人々がそれを「問題である」と**言語**にしたとき、その**事実**は生まれるのだと**スペクター**(1943〜)と**キツセ**は言います。

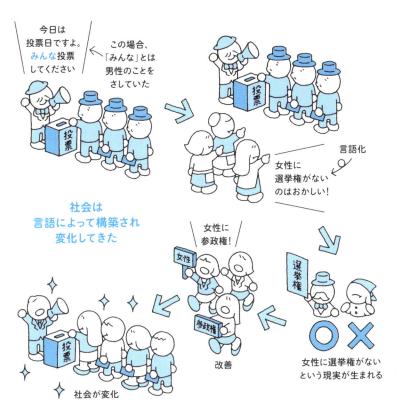

キツセらのように、事実とは言語によって縁取られることで**構築**されると考える立場を**(社会)構築主義**といいます。たとえ何か問題が起きていたとしても、誰かが言葉にしない限り、それは**現実**ではありません。

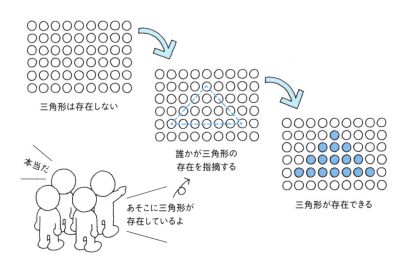

集合的消費

カステル ▶188

意　味　生活基盤として、集団で消費され続けるサービス
文　献　『都市問題』
メ　モ　対義語は個人的消費（個人が買って個人がそれを消費したらなくなるサービス）

公共性とコミュニティ

人口が増えて都市化が進むと、道路、公園、学校、病院などの整備を急ぐ必要があります。これらの**生活基盤**は、対価を払わなくても使用（消費）し続けることが可能でなくてはなりません。よって市場だけで供給し続けることが難しくなります。そこで**国家**が担うことになります。

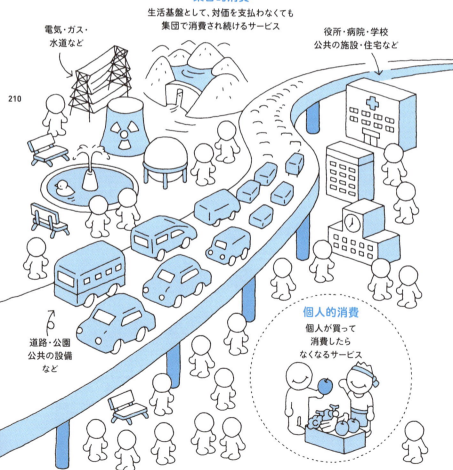

集合的消費
生活基盤として、対価を支払わなくても集団で消費され続けるサービス

電気・ガス・水道など

役所・病院・学校
公共の施設・住宅など

道路・公園
公共の設備
など

個人的消費
個人が買って消費したらなくなるサービス

こうしたサービスのあり方を集合的消費と呼びます。カステルは、都市化とは、消費の中心が個人的消費から集合的消費へと向かう過程であると考えました。集合的消費が増えると、集合的消費を担う国家は市民の日常生活を一元的に管理・支配できることになります。

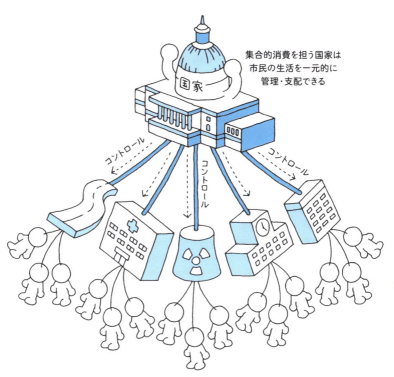

こうした国家権力が暴走した場合、グラスルーツ（草の根＝一般市民）の積極的な社会運動（都市社会運動）が必要だとカステルは主張しました。

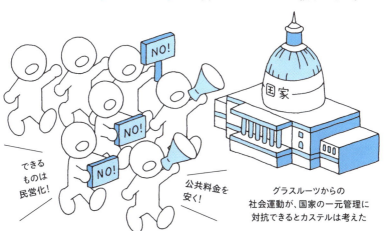

オリエンタリズム

意　味　「東洋」を後進的とみなす「西洋」中心主義の見方
文　献　『オリエンタリズム』
メ　モ　オリエンタリズムとは逆に、西洋に対して抱かれる「非人間的」などの見方はオクシデンタリズムと呼ばれる

近代西洋社会は、東洋（オリエンタル）の社会を、自分たちとは異なる存在とみなしてきました。その視線は**西洋**を文明の中心とし、**東洋**を支配の対象とするような考え方を含むものでした。**サイード**は、この**西洋中心主義的**な姿勢をオリエンタリズムと呼びます。

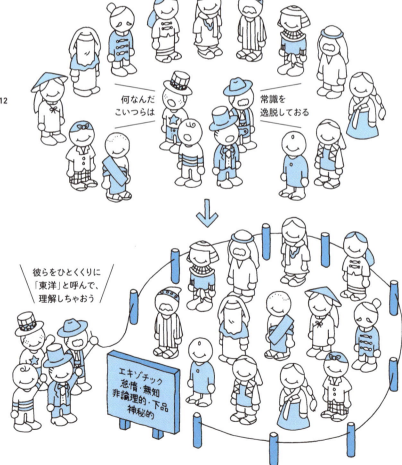

オリエンタリズム的な視線は、怠惰で好色、非論理的などのイメージで**東洋**を捉えます。その見方は、**西洋**こそが世界を正しく理解でき、**東洋**のこともよくわかっているという考えにつながり、東洋の植民地支配を正当化するものになりました。

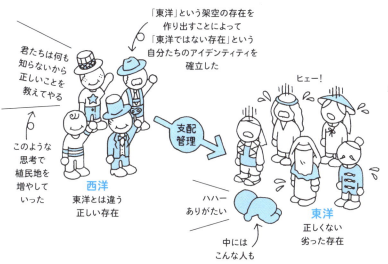

西洋と**東洋**という区分自体、自然なものではなく、**西洋**が自分たちの文化や価値観を中心にして作り上げた線引きにすぎません。

文化資本

意　味　社会的な立場に有利・不利をもたらす金銭以外の資本
文　献　『ディスタンクシオン』
メ　モ　近代は階級分化した社会であり、趣味趣向は出身階級と結びついているとブルデューは述べている

資本というと、通常はお金がイメージされます。けれども人間が社会生活をする上で有益となるのは、お金だけではありません。知識、習慣、人間関係、趣味なども、その人の立場に利益・不利益をもたらす資本です。ブルデューはこうしたお金以外の資本を文化資本と呼びます。

文化資本の例

たとえばクラシック音楽は、正統な文化として社会的に高い評価を受けていて、なおかつ鑑賞に一定の教養が必要です。このような趣味の場合、親がそうした趣味を持っているかどうか(自然とそれらの趣味に触れられるか)が、本人がそれを趣味とするかどうかに大きく影響します。文化資本の有無は本人の努力というよりは、育った環境に大きく左右されてしまいます。

そうして得た**文化資本**は、❶**客体化された文化資本**、❷**身体化された文化資本**、❸**制度化された文化資本**の3つの具体的なかたちとなり、その人の社会生活に有効に働いていきます。

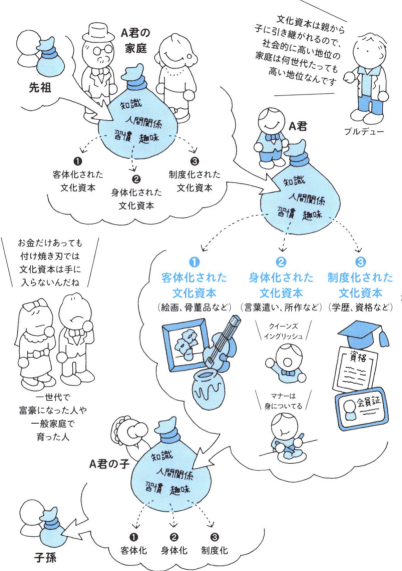

文化資本が親から子へと受け継がれることで、世代がかわっても社会的な地位が再生産されていくことを**文化的再生産**と呼びます。表向きは平等な能力主義が謳われる現代社会でも、実際には、本人の能力だけでは得ることが難しい「正統な文化」という隠れた**資本**が脈々と引き継がれています。

ハビトゥス

意　味　人が日常の中で身につけていく心的傾向
文　献　『ディスタンクシオン』
メ　モ　ハビトゥスは、文化資本(P214)の心的傾向に注目した概念。しばしば構造主義(P159)の心的傾向と比較される

文化と消費社会

人間は日常的な営みの中で、本人も意識しないうちに言葉遣いや考え方、センスや振る舞い方などを身につけていきます。ブルデューは人間の中に形成されたそれらの**心的傾向**をハビトゥスと呼びます。

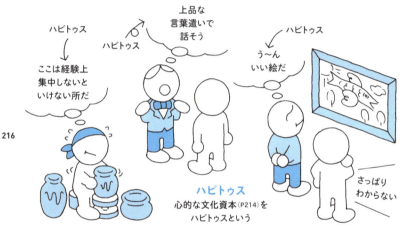

ハビトゥス
心的な文化資本(P214)を
ハビトゥスという

ハビトゥスは人間が長い期間をかけて無意識的に身につけていくものです。ある社会階級や特定の場になじむためには、その場において共有されているハビトゥスを身につけていなければなりません。お金は努力次第で手に入れることもできますが、たとえば**「貴族のハビトゥス」**は、残念ながら貴族でなければ手に入れることはできません。

弱い紐帯
（ちゅうたい）

▶189

意味　個人が発展するに役立つ、あまり親密でない人間関係
文献　『転職』
メモ　親や親戚から文化資本(P214)を受け継ぐことによって、富の連鎖が起こるとしたブルデューとは大きく異なる視点

公共性とコミュニティ

グラノヴェッターは、労働者たちに現在の職を得た方法を聞く調査を行いました。その結果、**親や親戚（強い紐帯）** よりも、**弱い関係（弱い紐帯）** にある人からの情報の方が職を得るのに有益な傾向がありました。

自分を成長させるのは親や親族ではなく、弱い紐帯

強い紐帯関係の人は、自分と同じ情報や交際範囲を持つことが多いのに対して、**弱い紐帯関係**の人は自分とは異なった情報を感知している傾向が強くなります。未知の情報を得ることで自分が成長するには、**弱い紐帯**が重要だったのです。

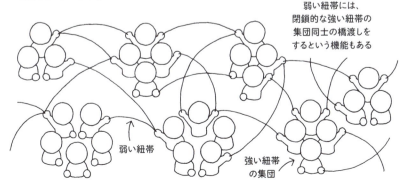

想像の共同体

▶185

意　味　「国」や「国民」という意識が、資本主義と活字文化によって生まれたことを示す語

メ　モ　19世紀には、この国民としての意識を支配者が利用して、みずからを正統づけようとする公定ナショナリズムが生まれる

国家とグローバリゼーション

アンダーソンは国家や国民という概念を考察しました。たとえば「日本人」とは、何をもって「日本人」とするのでしょうか？

鈴木さんはアメリカに住む日本人　　生まれも育ちもアメリカの鈴木さん

ジョンは日本人になった　　日本国籍を取得したアメリカ生まれのジョンさん

英国籍を持つカズオイシグロ氏がノーベル賞をとりました　同じ日本人としてうれしい　　イギリス国籍のイシグロ氏

「日本人」の条件は、人種でも住所でも生まれた場所でも国籍でもない？

アンダーソンによれば、**国家**や**国民**という概念は、古くから存在していたわけではありません。

中世の世界観
世界は知っている人と知らない人で成り立っていた

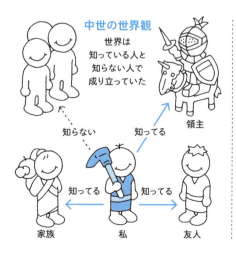

領主／家族／私／友人／知ってる／知らない

近代の世界観
たとえ知らない人でも同じ国民同士という認識が存在

私たちは同じ国家の国民です

中世以前の人々は、自分たちの領主のことは知っていても、領主らが中央で束ねられて**国家**という形を成しているという認識はありませんでした。

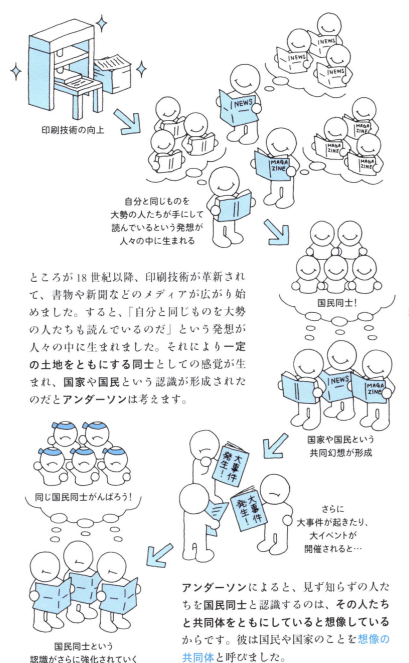

ところが18世紀以降、印刷技術が革新されて、書物や新聞などのメディアが広がり始めました。すると、「自分と同じものを大勢の人たちも読んでいるのだ」という発想が人々の中に生まれました。それにより**一定の土地をともにする同士としての感覚が生まれ、国家や国民**という認識が形成されたのだと**アンダーソン**は考えます。

アンダーソンによると、見ず知らずの人たちを**国民同士**と認識するのは、**その人たちと共同体をともにしていると想像している**からです。彼は国民や国家のことを想像の共同体と呼びました。

世界システム論

意 味 地球規模で広がる分業体制から経済格差を捉えようとする歴史理論

メ モ 世界システムにおいて、圧倒的な優位に立つことを「ヘゲモニー(P095)を握る」という

先進国と**発展途上国**との**経済格差**は**南北問題**と呼ばれます。このような問題を捉えるには、国家という単位ではなく全世界を1つの大きな**システム**として見る視点が必要です。**ウォーラーステイン**は地球規模の**世界システム**を中核・半周辺・周辺の3つの地域に分けて考察しました。

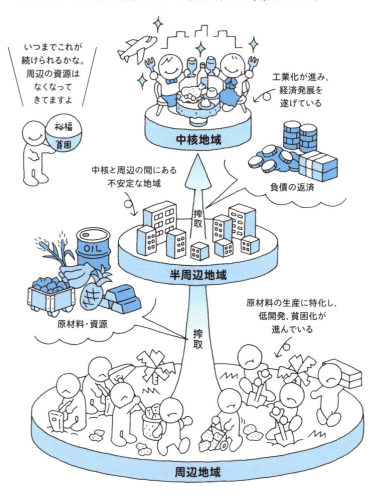

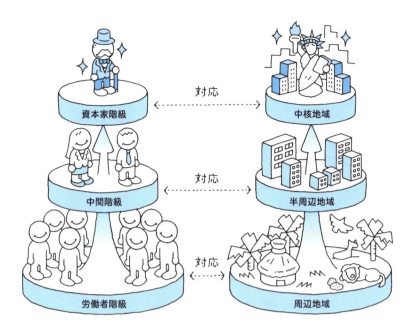

中核にあたる地域は、周辺地域が生産する原材料を搾取することで潤っています。つまり中核・半周辺・周辺はちょうど、資本家階級・中間階級・労働者階級に相当します。ウォーラーステインは世界を国際的な分業体制として捉え、これを世界システムと呼びました（世界システム論）。国家を単位とするのではなく世界規模で資本主義が動いていると考えると、発展途上国の貧困と、先進国の経済発展との関係が見えてきます。

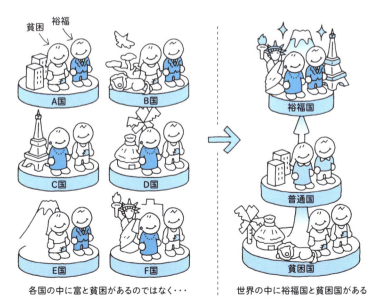

各国の中に富と貧困があるのではなく… | 世界の中に裕福国と貧困国がある

観光のまなざし

▶191

意　味　観光客が観光地を見る際に特有な行動様式
文　献　『観光のまなざし』
メ　モ　アーリの議論は、ものの見方（まなざし）は社会的に作られるとするフーコーのまなざし論をもとにしている

文化と消費社会

観光地において、**観光客**は自分があらかじめ持っているその土地のイメージをそこに探そうとします。**アーリ**はこれを**観光のまなざし**と呼びました。また、観光客を受け入れる側も、観光客のまなざしを意識することで、自分たちの伝統や文化を再認識せざるを得なくなります。結果、**観光のまなざし**が求めるような対象物を生み出し続けていくことになります。

さらに観光地が**グローバル化**すると、もともとその土地になかったはずの建造物や風景を、**観光のまなざし**的なイメージに合わせて、新たに作り上げるという事態も起きます。観光地は過剰に演出され、伝統や文化はもちろん、観光される土地の人々のアイデンティティをも変えていきます。

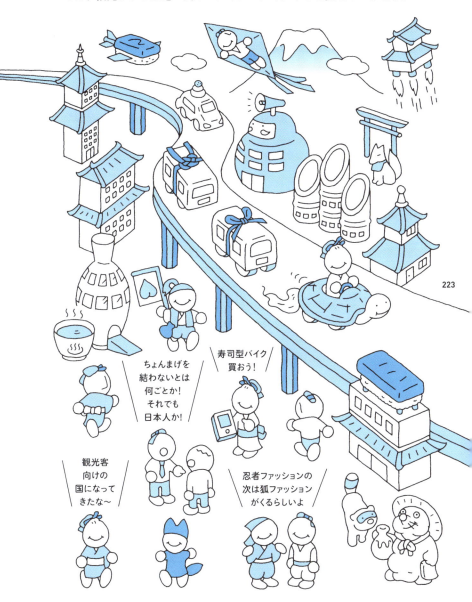

日本も急速に観光立国の道を歩み始めています。今後、日本人のアイデンティティはどのように変わっていくのでしょうか？

マクドナルド化

リッツァ

意　味　マニュアル化によって社会が合理化されていくこと
文　献　『マクドナルド化する社会』
メ　モ　20世紀後半のマクドナルド化は、世界中に「アメリカ化」が浸透していくことでもあった

文化と消費社会

マクドナルドに代表されるファストフード店は、**効率性**の高い**合理的**なシステムを追求しています。リッツァはこうした**規格化**、**マニュアル化**の傾向を**マクドナルド化**と呼び、今や社会のあらゆる領域で**マクドナルド化**が進行していると指摘します。

マクドナルドの4つの特徴

❶計算可能性
ひとめでわかる量と値段と提供までの時間

❷予測可能性
マニュアル化された運用と接客でいつでもどこでも誰にでも同じメニューとサービスを提供

❸効率性
マニュアル化された運用と接客で効率よく商品を提供

❹コントロール性
マニュアル化された接客で従業員をコントロール。またセルフサービスと最低限の設備で客の動向をコントロール

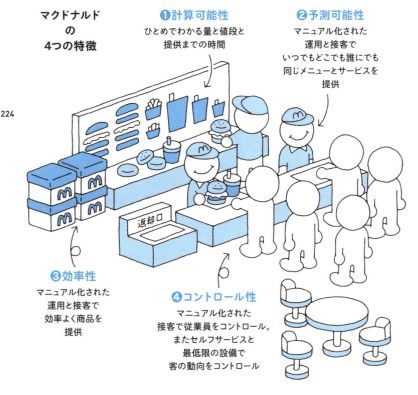

マクドナルド化によって、いつでもどこでも均質なサービスを受けることができるようになり、利便性は大きく向上しました。しかし一方で、**合理性の非合理性**(合理性が逆に非合理性を生むこと)が生じるばかりか、人々が豊かな人間性を失ってしまうことにリッツァは警鐘を鳴らしています。

マクドナルド化は新しい変化というよりは、産業革命以降ずっと続いてきた**合理化**の一環だと**リッツァ**は言います。かつて**ウェーバー**(P022)は、社会の**合理化**(P069)は避けることができないと主張しました。だとすると、社会全体の**マクドナルド化**は避けることはできません。

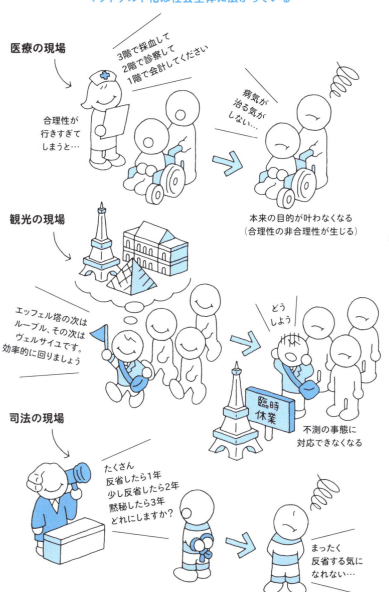

医療、教育、経済、政治、レジャーなど
マクドナルド化は社会全体に広がっている

スピヴァク

サバルタン

意味 権力構造から疎外された人々（単に労働者やマイノリティーのことではなく、そうした問題に関与できない人々）
文献 『サバルタンは語ることができるか』
メモ もとはグラムシ(P027)の『獄中ノート』に登場する言葉

ジェンダーとセクシュアリティ

サバルタン（従属的社会集団）は、植民地支配の統治下に置かれた人々をあらわす言葉として使われてきました。インド出身のスピヴァクはそうした人々の中でも特に女性に注目して、サバルタンという言葉を用います。

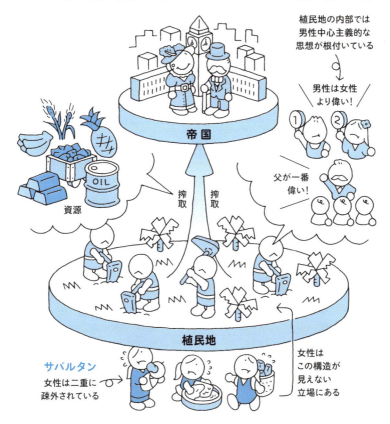

植民地の人々は、世界システム(P221)という構造の中で、ただでさえ搾取される立場に置かれています。それなのに、植民地の内部では男性中心主義的な性質も根付いてしまっています。サバルタンの女性たちは二重に疎外された存在となっているのが現状です。

彼女たちはみずからが置かれている立場を客観的に把握するための場にアクセスできません。また彼女たち自身の方法で抵抗をしたとしても、それが抵抗として認識されることもありません。さらに**スピヴァク**は、**サバルタン**当事者ではない人間が、自己満足ではなしに、**サバルタン**当事者を支援したりその声を代弁することが、いかに難しいかを指摘します。

シャドウ・ワーク

意　味　専業主婦による家事など、賃金が支払われない労働（アンペイド・ワーク）だが、賃労働によって成り立つ生活や社会にとって不可欠なもの
文　献　『シャドウ・ワーク』

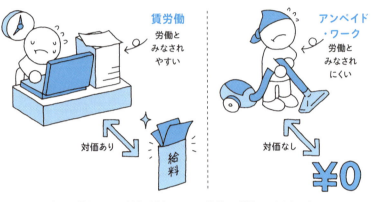

資本主義社会では、賃金が支払われない労働は、労働とみなされにくい

労働の対価として賃金が支払われることが資本主義社会の基本です。ですから資本主義社会では**賃金が支払われない労働（アンペイド・ワーク）**は、労働とみなされにくくなります。こうした**無償労働**をイリイチは**シャドウ・ワーク**と呼びます。

近代の家族は、男性が賃労働をするために女性が家事を担うことによって成り立ってきた

近代の家族は、男性が賃労働をするために、女性が家事労働を担うことによって成り立ってきました。ところがこうした**性別役割分業**は、女性が男性に対して従属的な立場に置かれていくことへとつながっていきました。

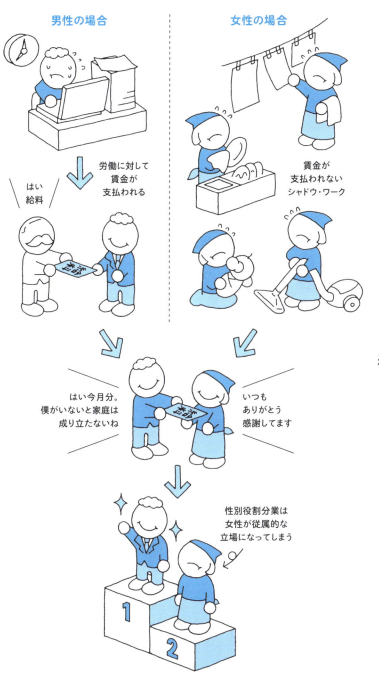

イリイチはシャドウ・ワークという概念を用いて、男女の不平等を白日の下にさらしました。

セカンド・シフト

▶187

意　味　共働きであっても、家庭に戻ると女性のみ家事労働の負担が集中することを示す語
文　献　『セカンド・シフト』
メ　モ　これに対して職業労働をファースト・シフトという

ホックシールド

ジェンダーとセクシュアリティ

近代の家族は、男性が**賃労働**をするために、女性が**家事労働**を担うことによって成り立ってきました。ところがこうした**性別役割分業**の習慣は、たとえ夫婦共働きであったとしても、女性がいざ家庭に戻ると、家事労働に従事せざるを得なくなります。女性は、**賃金が支払われる労働**である**ファースト・シフト**のすぐ後に、家事労働である**セカンド・シフト**をする羽目になってしまうのです。こうした現状では、雇用者にとって女性は使いづらい存在となってしまい、男女雇用の不平等を引き起こしていると**ホックシールド**は言います。

感情労働

▶187

意　味　感情をコントロールする必要のある労働
文　献　『管理される心』
メ　モ　感情労働には、表層演技（表面だけの丁寧さ）と深層演技（感情を込めた振る舞い）の2種類がある

商店での接客、教育機関、医療など、現代社会は**対人サービス**が必須な職業であふれています。対人サービスは、肉体の労働以上に**感情のコントロール**が必要です。**ホックシールド**はこうした労働を感情労働と呼びます。

表面だけの感情労働　　　心からの感情労働

感情労働には、表面だけの丁寧さですむ場合もあれば、心から感情を込めなければならない場合もあります。特に、相手に深い共感を持たざるを得ない医療や介護の専門職の場合、労働者は過度なストレスを呼び込み、**燃え尽きてしまうことがあります（バーンアウト）**。感情労働には、**真の充実感**と**過度なストレス**の2つの側面があると自覚することが重要です。

フリーライダー

オルソン

意　味　対価を払わずに公的サービスの恩恵を受けること
文　献　『集合行為論』
メ　モ　本来は経済学の用語だが、社会学においても基礎的な概念になっている

秩序と権力

コストを払っていない人が、公的サービスの恩恵を受けている状態をフリーライダーといいます。いわば他人のコストの上にタダ乗りしている状態です。たとえそのサービスの大切さは十分理解していたとしても、人間は目先の合理性を追求してしまうため、自分だけが得をする選択をしてしまうのです。

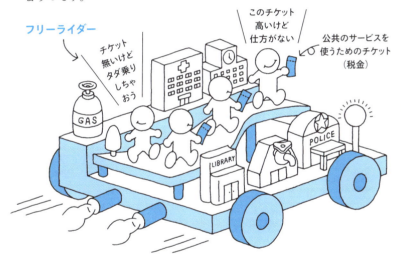

個人が自分の利益だけを追求したら、社会全体の利益になりません。こうした社会的ジレンマを避けるためには、人々がコストを負担したくなるシステムをいかに作れるかが鍵になります。

ポストモダン

▶178

意　味　ポスト＝後、モダン＝近代で、「近代の後」という意味
文　献　『ポストモダンの条件』
メ　モ　これに対してギデンズやベックは、現代はまだ近代の枠組みの中にあると考えた（再帰的近代P276）

資本主義経済の発達や科学技術の進歩、民主主義の定着によって、世界は近代（モダニティ）の時代を迎えました。そして近代化を推し進めれば、封建的な古い秩序は塗り替えられ、世界に普遍的な（全人類に共通した）正義や幸福がもたらされると信じられていました。

けれども、核兵器の開発や大規模な環境破壊などが進み、近代化の限界が明らかになると、人々が近代化に託していた普遍的な価値に対して疑いの目が向けられます。**リオタール**はこれを**大きな物語の終焉**と呼びます。現代は、**差異**や**多様性**を認め合い、不確定なものを肯定し、それらが共存する道を模索しようとする**ポストモダン**(**近代の後**)の時代だと彼は言います。

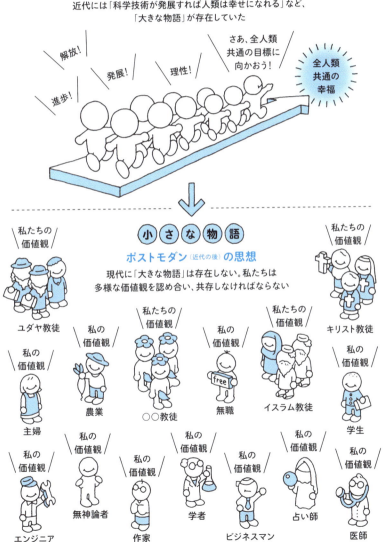

ホモソーシャル

▶192

意　味　同性間の性的でない関係性や絆
文　献　『男同士の絆』
メ　モ　女性の交換が体制を維持してきたとするレヴィ＝ストロースの説(インセスト・タブー→P156)を引き継いでいる

ジェンダーとセクシュアリティ

ホモセクシャルは**同性間の性的な関係**を示す言葉として用いられますが、対して**ホモソーシャル**とは**同性間の性的でない絆**をあらわす言葉です。**セジウィック**は、男性間の**ホモソーシャル**には単に性的か否かだけではない問題があることを見いだしました。

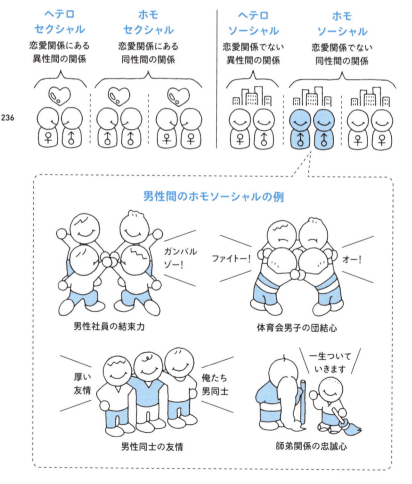

ヘテロセクシャル	ホモセクシャル	ヘテロソーシャル	ホモソーシャル
恋愛関係にある異性間の関係	恋愛関係にある同性間の関係	恋愛関係でない異性間の関係	恋愛関係でない同性間の関係

男性間のホモソーシャルの例

ガンバルゾー！　男性社員の結束力
ファイトー！オー！　体育会男子の団結心
厚い友情　俺たち男同士　男性同士の友情
一生ついていきます　師弟関係の忠誠心

セジウィック

男性間の**ホモソーシャル**な関係が築かれる中で、しばしば女性は男性たちにとって異性愛の対象としてのみ存在します。**セジウィック**はそうした**ホモソーシャル**な絆の中に、ミソジニー（女性嫌悪・蔑視）や、ホモフォビア（同性愛者嫌悪）、またパターナリズム（家父長主義）的な女性支配の構図が含まれていることを指摘しました。

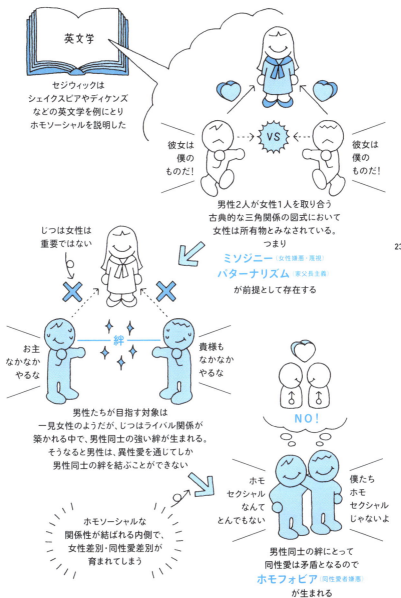

ジェンダー

▶193

意 味　社会的・文化的に作られた性差
文 献　『ジェンダー・トラブル』
メ モ　バトラーのジェンダー論は、『性の歴史』などにおけるフーコー(P179)の理論を拠り所としている

ジェンダーとセクシュアリティ

バトラー

セックス
生物学的・科学的性差。自然界に先天的に存在するとされている性差

ジェンダー
社会的・文化的性差。先天的な性質ではなく、人為的に作られた性差

ジェンダーには裏の意味がある

女性は育児・家事が得意

（裏のメッセージ）
女性は社会に
出るべきではない

女性は優しい

（裏のメッセージ）
女性は男性に
反抗するべきではない

女性は感情的

（裏のメッセージ）
女性は
論理的でない

これらは社会的に作られた観念でしかない

　生物学的な性差をセックスと呼ぶのに対して、社会的・文化的に作られた性差をジェンダーと呼びます。ジェンダーには「女性は社会に出てはいけない」といった社会的なメッセージを含むことが多くあります。ジェンダーという概念を知ると、「女らしさ」や「女性は家事が得意」といった発想が、男性優位な社会に捏造されたものにすぎないということが見えてきます。

そして生物学的な性差であるはずの**セックス**もまた、その視点には社会的に作られた要素がすでに含まれています。たとえば**セックス**の「男／女」という単純な分け方は、人為的でしかない観念をもとに行われています。

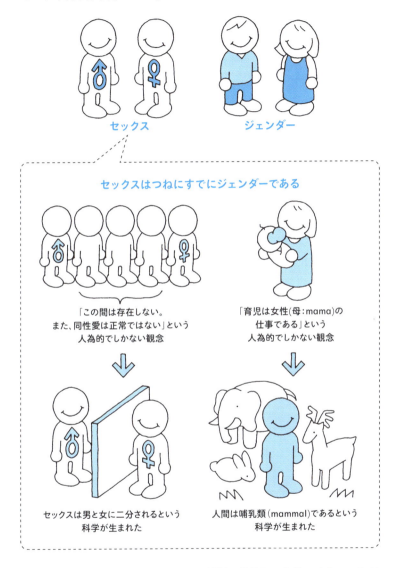

また、鳥類や爬虫類などがオスメスの区別に着目した名称ではないのに対して、人間の属性である「哺乳類」には母性を感じさせる言葉が採用されています。このように、客観的であるはずの生物学的、科学的な用語も、女性の社会的な立場をもとに構築されているのです。**ジェンダー**は、こうしたことを気づかせる重要な概念だと**バトラー**は言います。

サブカルチャー

→192

意味 社会の支配的な価値観とは異なる文化
文献 『サブカルチャー』
メモ ヘブディジはファッションや音楽、振る舞いなどをスタイルと呼び、サブカルチャーをスタイルによる抵抗だと考えた

文化と消費社会

自分が所属している社会の多数派とは価値観が異なる文化を**サブカルチャー**といいます。

様々なサブカルチャー

モッズカルチャー / クラブカルチャー / レゲエカルチャー / パンクカルチャー / ヒップホップカルチャー / ヒッピーカルチャー

日本語の「サブカル」は、個人が自由に選択する少し変わった趣味趣向という意味で用いられることがありますが、社会学者の**ヘブディジ**は**サブカルチャー**を**「社会の多数派ではない人同士が集まって作る文化」**だとしています。

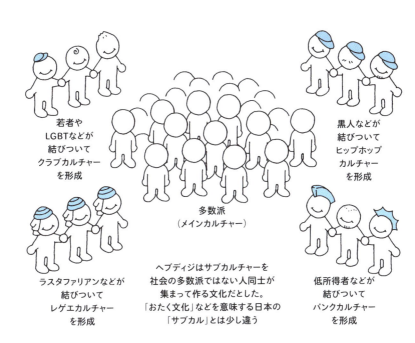

サブカルチャーは、大勢がよしとするハイカルチャー（上位文化）やポップカルチャー（大衆文化）などのメインカルチャーとは違う価値の置き方を人々に提示することができると彼は言います。

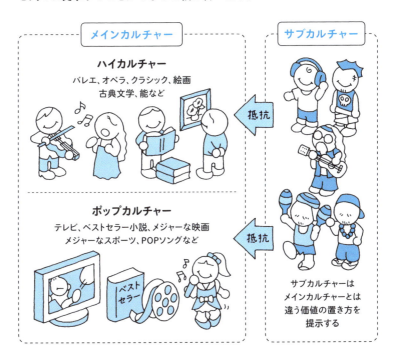

エンコーディング / デコーディング

> ▶184

文　献　"Encoding／Decoding"
メ　モ　エンコーディングは記号化、デコーディングは記号解読と訳されることがある

ニュースや新聞などの情報には、情報の送り手の価値観や、イデオロギーが多分に含まれています。**送り手が情報を放送や記事にする過程（エンコーディング）** で、自分の価値観を無意識に取り入れてしまうからです。また、**受け手が情報を受け取る過程（デコーディング）** においても、受け手の価値観が作用します。送り手の情報と受け手の情報は同じではなく、それぞれが独立して存在しているのです。

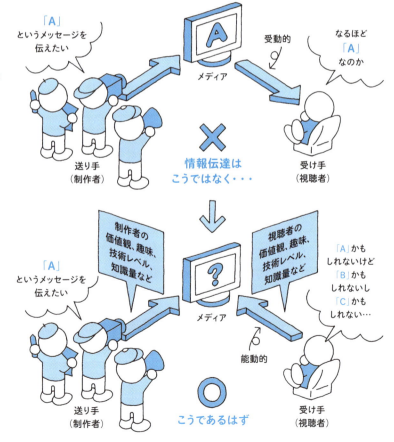

デコーディングの3分類

ホールは、情報の受け手の立場を3分類した。
上から順に送り手との距離が遠ざかる

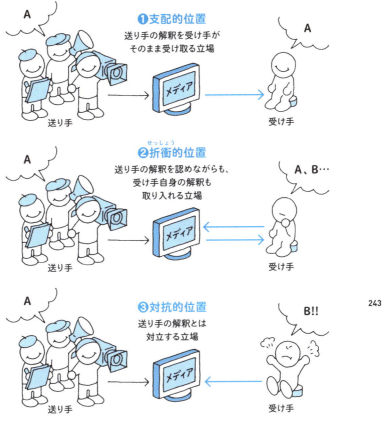

ニュースや新聞などのメディアに触れる行為とは、メディアの送り手に従うだけの受動的な行為ではなく、もっと能動的かつ自由な行為であるはずだと**ホール**は言います。

記号的消費

▶181

意　味　人々が商品の機能ではなく記号を消費すること
文　献　『消費社会の神話と構造』
メ　モ　他者との差異を求めることが重要であるため、誇示的消費(P049)とは異なる

文化と消費社会

ボードリヤール

生活必需品が普及し尽くしても、商品が売れなくなるわけではありません。その後に訪れる**消費社会**では、人々は何かを購入するとき、その商品の実質的な機能を購入するのではなく、**他者との差異化**のための**記号**(情報)を購入します（**記号的消費**）。消費行動は人々の個性やセンスを示すものとして機能し始めるのです。

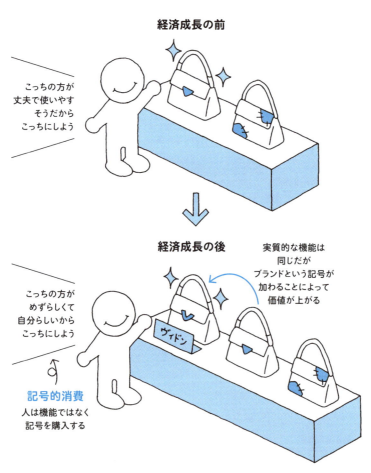

経済成長の前

こっちの方が
丈夫で使いやす
そうだから
こっちにしよう

経済成長の後

実質的な機能は
同じだが
ブランドという記号が
加わることによって
価値が上がる

こっちの方が
めずらしくて
自分らしいから
こっちにしよう

記号的消費
人は機能ではなく
記号を購入する

高度消費社会を迎えた現代では、絶えず商品が発売されて新たな記号が生み出され、他の記号（商品）との間に**差異**を生じさせ続けます。人々は差異を求め続けるので、この消費行動には終わりがありません（**差異の原理**）。人々の欲求はもはや個人の主体性によって発せられているのではなく、この記号の**システム**によって駆動されているのです。

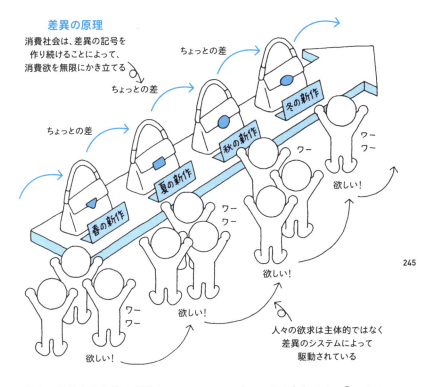

現在、差異を生み出す記号はファッションブランドはもちろん、「シリアルナンバー」「エコ・ロハス」「有名人の愛用品」「ヴィンテージ」「会員制／少人数制」「商品の持つ歴史や物語」など多岐にわたります。

シミュラークル

▶181

意味　オリジナルを持たない模像
文献　『シミュラークルとシミュレーション』
メモ　ボードリヤールの思想は映画『マトリックス』の世界観にも影響を与えている

現代は**記号**を消費する時代であると**ボードリヤール**は考えました(記号的消費P244)。記号とは本来、現実に存在する**オリジナル**を模倣した**模像**です。けれども、そうした**模像**が作られていく中で、**オリジナル**を持たないものがいくつも作られています。

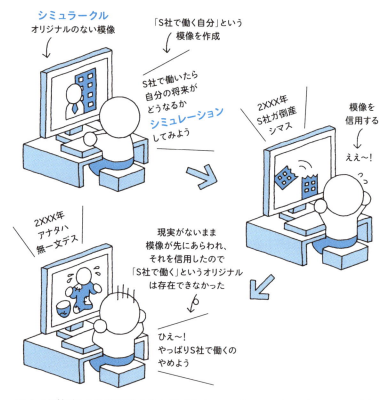

たとえば仮想の世界設定で作り込まれたコンピュータ上のデータは、現実を代替するものではあるものの、**模倣されるもとになった****オリジナル**が存在しません。**ボードリヤール**は**オリジナル**のない**模像**を**シミュラークル**、**シミュラークル**を作り出すことを**シミュレーション**と呼びました。

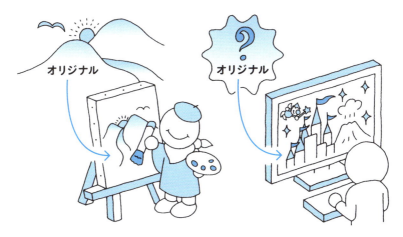

本来、模像にはオリジナルがある。たとえば風景画のオリジナルは現実の風景。
けれどもシミュラークルにオリジナルは存在しない

そして**オリジナル**なき**模像**が現実に作られると、何が**オリジナル**（現実）で
何が**模像**（非現実）なのかわからなくなります。現代社会はそのような環境
に取り巻かれています。**ボードリヤール**はこうした状態を**ハイパーリアル**
と呼びました。

ハイパーリアル
現代社会は、何がオリジナルで
何が模像なのか区別がつかない

社会関係資本

意味 人脈や信頼関係に基づく、社会を豊かにする財産
文献 『孤独なボウリング』
メモ 社会関係資本は、同じ集団内のつながりを高める**結束型**と、異なる集団間をつなぐ**橋渡し型**に分類される

公共性と
コミュニティ

近隣住民同士の関わりを深めて、地域のネットワークを密にすれば、治安もよくなって犯罪も減り、統治の効率もよくなると**パットナム**は考えました。善意や共感に基づく**個人間の信頼関係**は、自分にとってだけでなく、**社会全体**にとっての**資本（財産）**になると彼は言います。これが**社会関係資本（ソーシャルキャピタル）**という概念です。

※社会関係＝人間関係

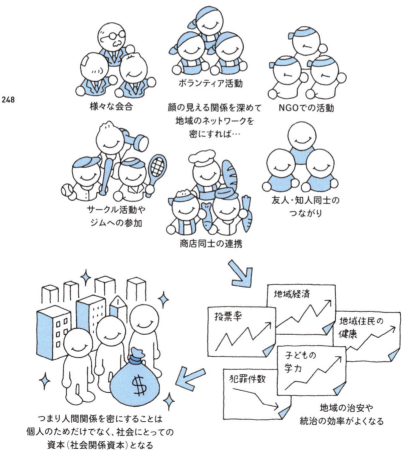

パットナムは社会関係資本を❶ネットワーク、❷信頼、❸規範の３つの要素に整理し、これらの要素が社会の向上につながるとしました。

社会関係資本を生む3つの要素

❶ネットワーク
家族を超えた、地域の人たちとのネットワーク

❷信頼
地域内の他の成員に対する信頼

❸（互酬性の）規範
普段から他人に手を差し伸べていれば、自分に対しても差し伸べてくれる、という助け合いの精神

厳しい規則や上下関係よりも信頼関係の方が資本を生み出します

パットナム

かつて**ブルデュー**(P182)は、**社会関係資本**を個人に宿る**文化資本**(P214)の一部として捉えました。**ブルデュー**にとって**社会関係資本**は「個人の人脈」を意味したのです。これに対して**パットナム**は「社会にとっての資本」の側面に注目したといえます。

ブルデューの考え

社会関係資本は、自分の中に「人脈」として宿る。つまり、人間関係を増やしても、自分の得になるだけ

パットナムの考え

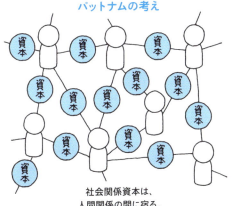

社会関係資本は、人間関係の間に宿る。つまり、人間関係を増やせば、社会全体がよくなる

ダブル・コンティンジェンシー

ルーマン

意　味　二者の間で、互いに自分がどう行動するかは相手の振る舞い方次第という状態
文　献　『社会システム理論』

社会理論

近代社会(資本主義社会)において、人間は基本的に自由です。ですから誰もが自分の欲求が叶うような行動をしようとします。すると、次に自分がどう行動するかは相手の出方次第であり、相手にとってもこちらの出方次第という状況が起こります。こうした状態を**ダブル・コンティンジェンシー(DC)**といいます。世の中はDCだらけなのに、どうして他者との相互行為は次々に行われて、物事は進んでいるのでしょうか?

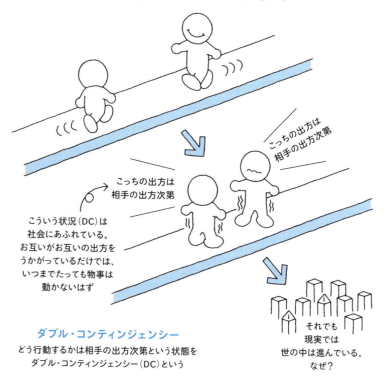

ダブル・コンティンジェンシー
どう行動するかは相手の出方次第という状態を
ダブル・コンティンジェンシー(DC)という

パーソンズ(P120)は、相互行為を行う両者の間に、あらかじめ**価値観**(社会秩序)が共有されているので、お互いが何を**期待**しているかが予測できるからDCを回避できていると考えました(**期待の相補性**)。

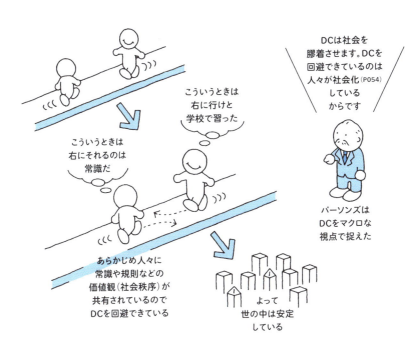

これに対して**ルーマン**は、相互行為を行う両者の間にはじめから共通の価値観は必要ないと言います。なぜなら、互いの身振りや反応を見ながら相互行為のきっかけを見つけ出すことができると考えるからです。むしろDCという秩序が成り立っていない状況があるからこそ、人々がその状況を解消しようと**コミュニケーション**することで、新たな社会秩序が生まれ続けていると**ルーマン**は言います（ノイズからの秩序形成）。

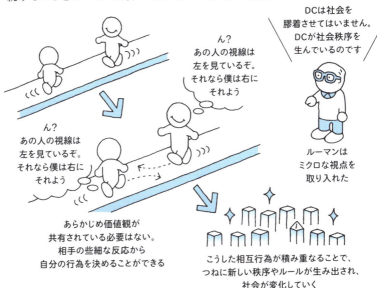

複雑性の縮減

意味 あらゆる可能性を持つ世界の複雑さ(複雑性)を制限(縮減)する働きのこと(秩序を維持する働きのこと)
文献 『信頼』
メモ ルーマンは、複合性の増大は法に支えられているとした

秩序と権力

近代社会において、人間は基本的に自由です。しかし、自分の欲求が叶うような行動をした場合、相手がこちらの思い通りの行動をとるかどうかわかりません。それでも私たちは通常、相手が行うかもしれない**あらゆる可能性(複雑性)** の存在を意識することなく、安心して**やりとり(コミュニケーション)** をしています。ルーマンはこれを**複雑性の縮減**と呼びます。

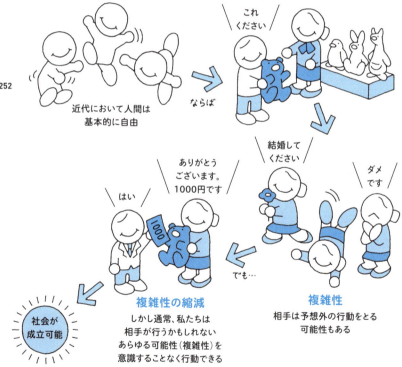

「このようなときにはこのように行動する」という**複雑性の縮減**が十分に行き届いた社会では、見知らぬ人たちとの関わりでも安心して相手の行動を予期してやりとりをすることができます。これを**複合性の増大**といいます。

小さな共同体で暮らしていた過去とは違い、近代社会は見知らぬ人たちとのやりとりばかりです。そのため近代社会では、個人の人格への信頼ではなく、規範への信頼が必要となります。ルーマンは、そうした規範がどう生まれ、どう守られているのかを複雑性の縮減という概念を手がかりに突き止めようとしたのです。

個人と個人のコミュニケーション（相手の行動を理解したやりとり）によって複雑性の縮減が行われ、「ルールA」ができる

複雑性の縮減を鍵に、社会（規範）が成立している仕組みを説くルーマンの社会学は、マクロの視点(P140)にミクロの視点(P141)を取り入れるものでした。

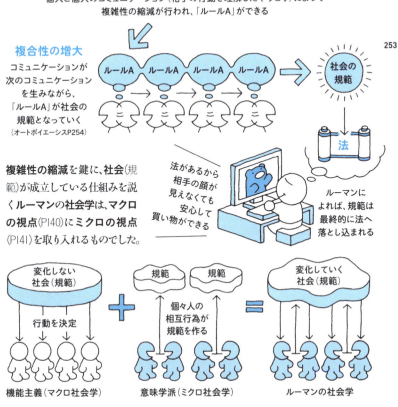

オートポイエーシス

意　味　人間を構成要素にするのではなく、コミュニケーションを構成要素にした社会システム論(P140)
文　献　『社会システム理論』
メ　モ　オートポイエーシスはもともとは生物学で提起された語

コミュニケーション
コミュニケーションはつながることができる。よってコミュニケーションが社会を構成する要素。ここでいう社会とは、経済・政治・教育制度など

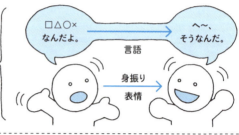

人間（意識）
人間（心、意識、思考）はつながることができない。よって人間は社会の要素ではない

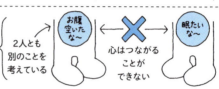

ルーマンは、社会を構成している要素は、人間ではなく、コミュニケーションだと考えました。コミュニケーションが次のコミュニケーションを自動的に生み出し続けることで、コミュニケーションを構成要素とする社会は存続していると彼は言います。社会を成り立たせている要素（コミュニケーション）が社会自体によって生産される、こうした性質をオート（自己）ポイエーシス（生産）と呼びます。

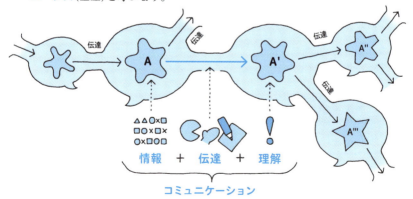

コミュニケーション
コミュニケーションは、社会を構成する要素。コミュニケーションとは、情報と、その情報を伝達する行為と、その理解が合わさったもの

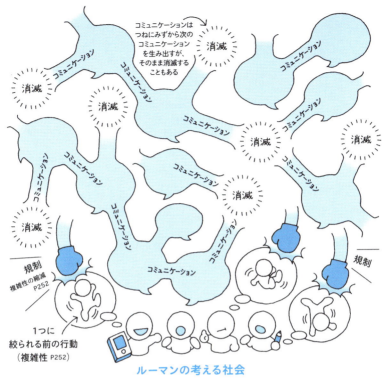

ルーマンの考える社会

分子がつながってモノを構成するように、コミュニケーション（情報＋伝達＋理解）という分子が次のコミュニケーションを生み出し、つながることで社会（制度・規範）というモノを構成する。そしてその社会が私たちの行動を規制する

社会（規範）なしに人間は生活できませんが、社会のシステムの中に各個人の意識（心）までが機能的に取り込まれているわけではないと**ルーマン**は考えます。そのため彼にとって人間は**社会システムの構成要素ではない**のです。

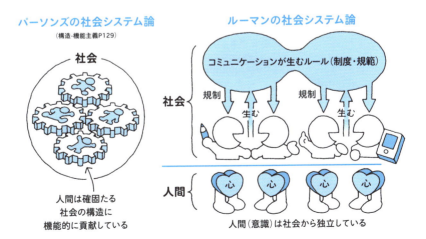

エスニシティ

意　味　独自の文化や帰属意識を持つ集団の存在や性質
文　献　『人種のるつぼを越えて』
メ　モ　アメリカの公民権運動などの社会運動も、エスニシティの概念を広める役割を果たしている

1つの社会や国家を構成する人々は、皆同質というわけではありません。その社会を構成する人々でありつつも、独自の帰属意識や文化を持つ集団をエスニック・グループと呼びます。そしてエスニック・グループが存在している状況やエスニック・グループの性質をエスニシティといいます。

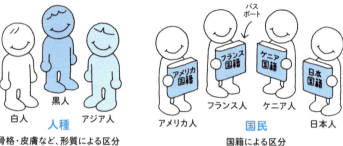

地域間の移動が日常的になったことによって、移民・出稼ぎ・亡命・難民などの人々が行き交い、様々な国が多民族国家となりました。そうした背景のもと、エスニシティという概念は生まれました。

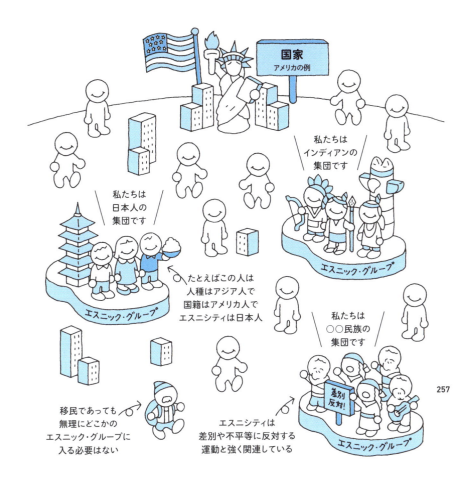

現在、多文化主義や文化相対主義が語られるのも、**エスニシティ**という概念が広く浸透したことと強く結びついています。

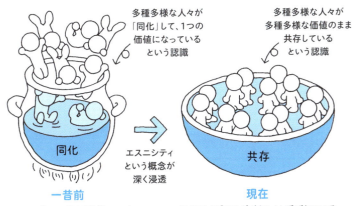

セネット

公共性の喪失

▶190

公共性と
コミュニティ

意　味　公的生活が衰退し、私的な感情が重んじられること
文　献　『公共性の喪失』
メ　モ　内部指向型から他人指向型へ移行するというリースマンの説(P150)は順序が逆であるとセネットは言う

政治家が政策ではなく、人柄や私生活の振る舞いによって評価されることは少なくありません。こうした例のように、公的なことでも私的な**感情**によって評価される現代社会の傾向を**セネット**は**公共性の喪失**と呼びます。彼によると、**公共性**は18世紀の都市で生まれましたが、資本主義が進むにつれて失われていきました。

**18世紀、人々は、
家庭内での振る舞いとは異なる
公的な場での
公的な振る舞い（公共性）も
大事にしていた**

コーヒーハウス (P200)
コーヒーハウスでは
公的な論議が交わされていた

広場・公園など
自分の社会的な身分や役割に応じた
振る舞いや演技をする社交の場として
公的な領域が保たれていた

店舗
私的ではなく公的なやりとりが
店などではごく自然に行われていた

いい商品が
入りましたよ　　　いいですね

人口が増え、資本主義が進むと…

右ページへ

広場・公園など
公的な領域は、社交の場ではなく感情を抑圧して自分を隠しつつ互いに観察する場となる

チェーン店
マニュアル化されたサービスのもと、客も店員も同じような行動をとる場となる

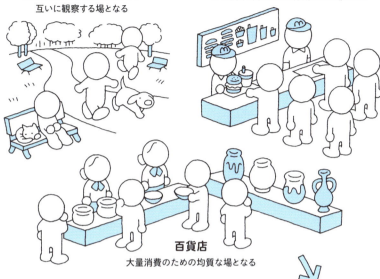

百貨店
大量消費のための均質な場となる

資本主義社会という公的領域よりも家庭という私的領域こそが個人を守るという感覚が生まれ人々は公共性を大事にしなくなっていった

公共のために振る舞っても仕方がない！私的な親密さの方が大切だ

公共の領域での自分よりも私的領域の自分の方が真の自分であるという認識になる

政治のことはわかりませんがよろしくお願いします！

現状の経済状況でやるべき政策は…

政策はどうでもいい。左の人の方が感じがいいから左の人に投票しよう

公共性の喪失
公共性（社会性）よりも自分の感情や感覚こそが重要な判断基準だと思うようになる

　公共性の喪失によって、私的な感情と公的な生活とのバランスを保つことが現代人にはできなくなってしまいました。自分の欲望と社会全体の利益の区別ができない現代人のこうした心理状態をセネットはナルシシズムという言葉で表現しています。

〈帝国〉

- 意味　中心を持たないネットワーク状のグローバルな権力
- 文献　『〈帝国〉』(ネグリ／ハート)
- メモ　人々の生活に深く入り込んでいる〈帝国〉は、フーコーが言うところの生の権力(P205)でもある

国家とグローバリゼーション

大きな国家が軍事力をもとにして、他の小さな国や地域へと領土を広げていく政策は**帝国主義**と呼ばれてきました。また、軍事・経済・文化などで強い影響力を持つアメリカを比喩的に「アメリカ帝国」と呼ぶこともあります。いずれも、帝国とは、ある強大な国が勢力を拡大していくものでした。

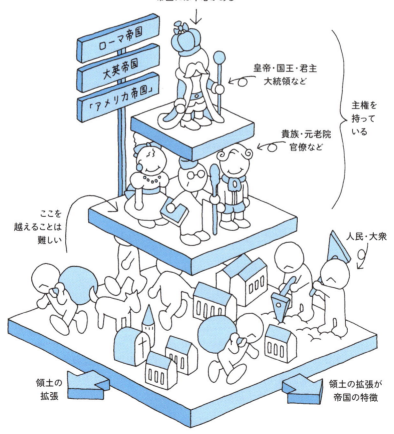

かつての帝国
ある特定の強国が軍事力によって領土を拡大し、みずからの政治・経済・文化圏域を拡大する
帝国には中心がある

それに対して**ネグリ**と**ハート**(P193)は**グローバル化**が進む現代の新しい権力のあり方を〈**帝国**〉というキーワードで表現します。〈**帝国**〉はかつての**帝国主義**のように、特定の強国が中心となるわけではありません。資本主義のもとで、多国籍企業、国際連合、世界銀行などが国境を越えて結びついた中心を持たない**ネットワーク状**の権力が〈**帝国**〉です。グローバル化を牽引するアメリカさえも〈**帝国**〉の内にあり、中心ではありません。

現代の〈帝国〉

世界中がネットワーク状に結びついた権力システム。
中心も領土も持たず、至る所から民衆を資本主義に順応させる

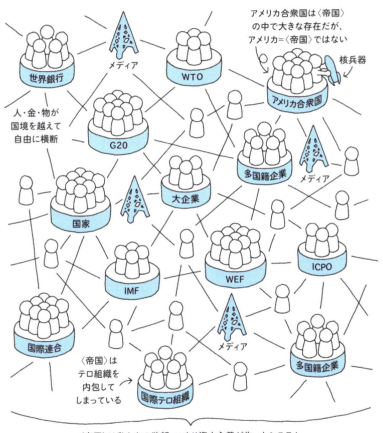

〈帝国〉は私たちの欲望、つまり資本主義が作ったシステム

〈**帝国**〉は日常生活の至る所に浸透し、人々を資本主義に順応させるために、人々を管理・育成しています。けれども〈**帝国**〉に対抗する民衆の力もまた、〈**帝国**〉の持っている性質の内側から生まれます。**ネグリ**と**ハート**はそれを**マルチチュード**(P263)と呼びます。

> 184

マルチュード

意　味　〈帝国〉に対抗する民衆
文　献　『〈帝国〉』(ネグリ／ハート)
メ　モ　マルチチュードは、特定の社会階級や属性の人々をさすものではない

国家とグローバリゼーション

ネットワーク状のグローバルな権力である**〈帝国〉**(P261)は、人々を資本主義に順応させるように管理しています。けれども**〈帝国〉**が持つ**ネットワーク**という性質は、世界中の人々とつながることも可能にします。であるならば、世界中の多種多様な民衆が、このネットワークを利用することでつながり合えば**〈帝国〉**に対抗できると**ネグリ**と**ハート**は考えました。

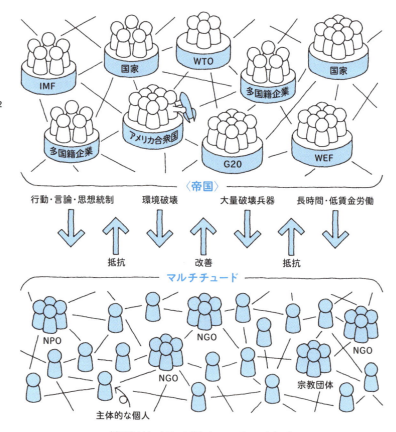

〈帝国〉がネットワーク状になっているのであれば、
そのシステムを利用して民衆もネットワーク状に結託すれば対抗できる

ネグリとハートはこのような多種多様な民衆を**マルチチュード**と呼びます。居住地や性別、職業、宗教などの垣根を越えて、人々が**ネットワーク状**につながり、資本主義が引き起こす問題点を一つひとつ解決しようとする力が**マルチチュード**です。

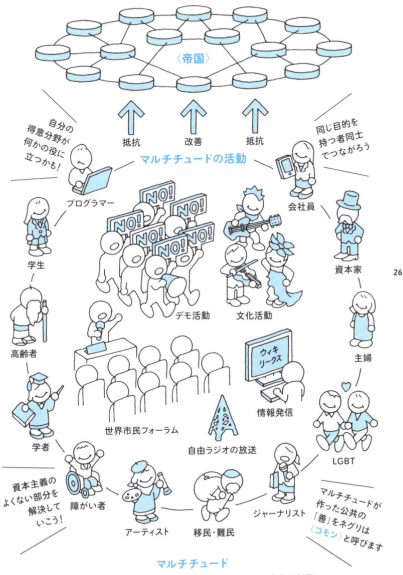

マルチチュード

〈帝国〉の本質であり最大の武器であるネットワークそれ自体を利用して多種多様な民衆が結託すれば、〈帝国〉すなわち資本主義の矛盾に対抗できるとネグリ&ハートは考えた。このように〈帝国〉の内側から生まれ、帝国そのものへ抵抗する多種多様な民衆をマルチチュードという

包摂型社会
排除型社会

文　献　『排除型社会』
メ　モ　包摂型社会から排除型社会への移行は、フォーディズム(P094)からポスト・フォーディズムの時代に相当する

1960年代頃までの社会は、**労働**と**家族**という2つの領域に大きな価値が置かれていました。そしてこの2つの領域を軸にした、同じような生活スタイルや価値観をみんなが共有していました。だからこそ、社会から逸脱する人がいたとしても、その人を共通の価値観へと**包摂**していこうという風潮がありました（包摂型社会）。

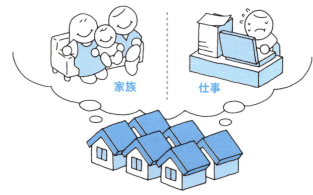

1960年頃までは、仕事と家族の2つに価値を置き、みんな同じような生活スタイルをしていた

包摂型社会

こうした社会では、様々な人々が同じ文化の中に取り込まれていく

ところが1970年代になると、人々の生活スタイルも価値観も多様化していきました。共通の価値が失われると、自分が信じる価値が社会の多数派に認められていると信じることが難しくなります。すると、異質な人たちを**排除・否定**することで、自分や自分の属する集団の価値を高め（信じ）ようとするようになると**ヤング**は考えました（**排除型社会**）。

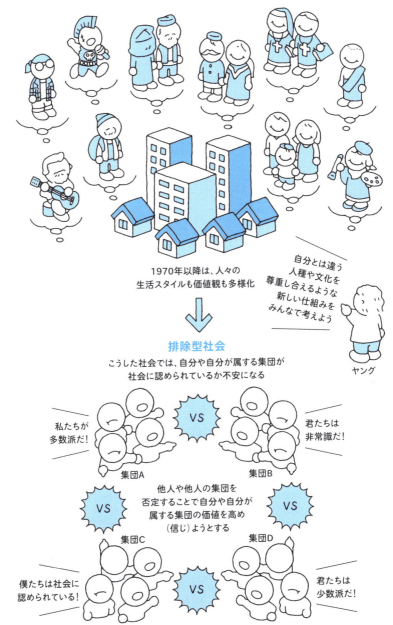

リキッド・モダニティ

→178

文　献　『リキッド・モダニティ』
メ　モ　パノプティコン（P206）のような巨大権力ではなく、人々が進んで監視しあう今日の情報環境をバウマンはポスト・パノプティコンと呼んだ

秩序と権力

近代（資本主義社会）になり、人々は伝統的な秩序から解放されました。バウマンは、少し前の近代性をソリッド・モダニティ（固体的近代性）と呼びます。ソリッド・モダニティの時期には、伝統的な秩序を壊しながらも、人々がおさまるべき新たな枠組みが作られていました。ところが近代化がさらに進むと、固定的な枠組みが崩壊し、流動的なリキッド・モダニティ（液

初期近代 → **ソリッド・モダニティ（固体的近代性）の特徴**

❶ 古い伝統や習慣を破壊するかわりに、近代的な新たな社会集団を用意した

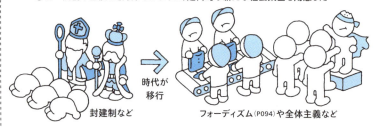

封建制など　時代が移行　フォーディズム（P094）や全体主義など

❷ それら新たな社会集団は人々を管理するが、同時に立場や生活をある程度保証した

毎日の暮らしは会社や国が保証してくれる

❸「未来にはあらゆる問題が解決、向上していくだろう」と人々は信じていた

このまま突き進もう！　未来

体的近代性）の時代が到来するとバウマンは言います。**リキッド・モダニティ**の時代は、人々に多様な選択肢をもたらしますが、同時にあらゆることの責任を個人として引き受けなければなりません。現代は、個人の新たな居場所が整備されない、不安定で不確実な時代なのです。

今後、人々は、習慣や常識、家族や会社、地域や国家に管理、拘束されることはない。むしろ自由な振る舞いを強制される。そうなると、自分以外の他者には関心がなくなってしまうとバウマンは言う

これからの近代 → **リキッド・モダニティ（液体的近代性）の特徴**

❶初期近代（ソリッド・モダニティ）の秩序は崩壊するが、それにかわる秩序を用意しない

フォーディズム（P094）や全体主義など　時代が移行　流動性が高まるだけ

❷自由を得られるというレベルを超えて、自由を強制される

かつてのように会社や国を拠り所にできない　全部自分で決めて全部自分で責任を負わなければならない

❸将来への展望が見えず、人生設計が困難なので、未来に不安を抱いている

この先どうなるの？　不安

ライアン

監視社会

▶191

意 味　個人の振る舞いがデータ化されていく監視のあり方
文 献　『監視社会』
メ モ　新しい監視社会は人々の行動を制限するのではなく、むしろ人々の行動を自由にさせる一面も持つ

秩序と権力

日常の様々な場面で、私たちの振る舞いは個人データとして記録されています。そして収集されたデータは、いつどこで誰がどのような目的で使用するのかわかりません。**ライアン**は本人に影響を与えるような個人データの収集行為はすべて**監視**だと言います。彼はこれまでの**監視社会**(パノプティコンP206)とは異なる、新しい**監視社会**を現代に見いだしました。

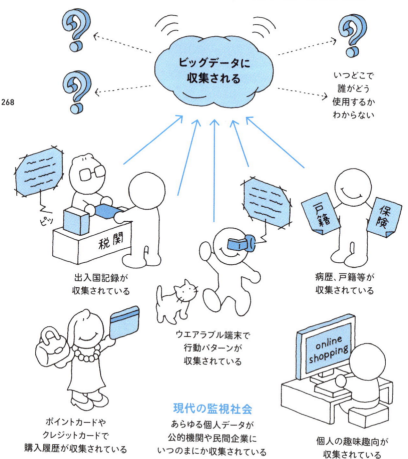

ビッグデータに収集される

いつどこで誰がどう使用するかわからない

出入国記録が収集されている

ウエアラブル端末で行動パターンが収集されている

病歴、戸籍等が収集されている

ポイントカードやクレジットカードで購入履歴が収集されている

現代の監視社会
あらゆる個人データが公的機関や民間企業にいつのまにか収集されている

個人の趣味趣向が収集されている

監視の対象は生身の人間ではなく、人間の断片的な事実です。新しい**監視社会**において、A君とは、A君の**身体**のことではなく、A君に関する**情報（データ）**の集まりをさすことになりました（身体の消失）。

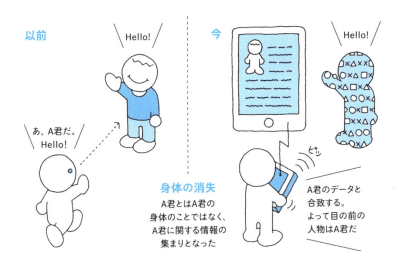

こうした**監視**は、人々を管理する側面もありますが、同時に人々の生活を守る側面もあります。たとえば**監視**によって集積されたデータがあるからこそ、病院で適切な診断や治療をすばやく受けることができます。

人々が、効率化や安全を求める以上、テクノロジーの進歩とともに**監視社会**は加速していくと**ライアン**は考えます。

脱埋め込み

▶186

意味 限られた時間と空間にいた人々が、時間と空間を超えた関係性の中に置かれること
文献 『近代とはいかなる時代か?』
メモ 脱埋め込みは再帰性(P272)の徹底化をもたらす

空間と都市

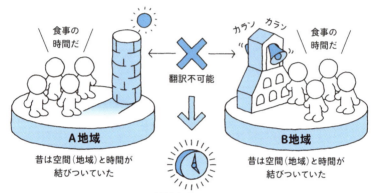

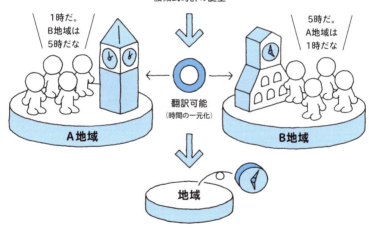

時間と空間の分離
時間と空間が結びついている必要はなくなった

　近代以前、人は**限られた範囲の空間**で生活していました。そこではその地域のみに通じるローカルな**時間**の計り方がありました。人々の居場所は、自分たちだけの**時間感覚**によって成り立つ、ごく地域的な共同体だったのです。ところが技術の進歩によって、世界全体に共通の**時間**が生まれると、それまで結びついていた**時間と空間の分離**が起きました。

また、通信技術や輸送技術が進歩したことで、遠く離れた者同士の相互行為は増大しました。すなわちグローバル化です。

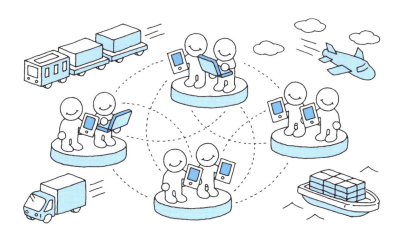

このように、**限られた時間と空間**の中にいた人間たちがローカルな脈絡から引き離され、無限の広がりの中に放たれることを**ギデンズ**は脱埋め込みと呼びました。

再帰性の時代
P272

人々が無限の広がりの中に放たれると、それまで自分の行動の拠り所にしていたローカルな習慣や規範、そして価値観が絶対ではなくなります。必然的に、**自分で自分を絶えず更新し続けなくてはならなく**なります。こうして近代は**再帰性**(P272)の時代となります。

再帰性(さいき)

▶186

意味 自分の過去の振る舞いを反省的に捉え直して、それを反映させながら自分自身を変化させていくこと
文献 『近代とはいかなる時代か?』
メモ 脱埋め込み(P271)が再帰性の徹底化をもたらす

ギデンズ / 社会理論

私たちは、過去の自分の行為を振り返り、それで得られた知識に基づいて次の行為を決めています。このように、過去の行為を反省的に問い直して、自身の行為に反映させる性質を**再帰性**といいます。**ギデンズ**は、再帰性こそ**近代社会**(資本主義社会)の特性であると考えました。近代以前の人々は、自分の外部にある習慣に従って行動しさえすればよかったのです。

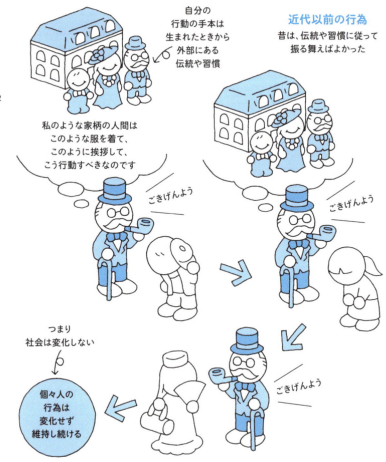

近代以前の行為
昔は、伝統や慣習に従って振る舞えばよかった

自分の行動の手本は生まれたときから外部にある伝統や慣習

私のような家柄の人間はこのような服を着て、このように挨拶して、こう行動すべきなのです

ごきげんよう
ごきげんよう
ごきげんよう

つまり社会は変化しない
→ 個々人の行為は変化せず維持し続ける

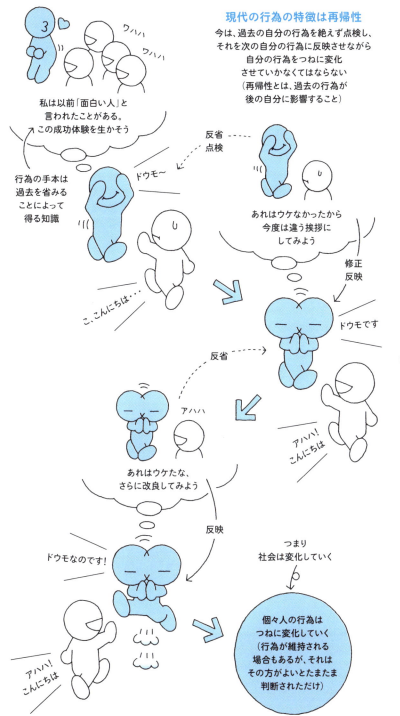

構造化理論 ▶186

意　味　社会の構造（ルール）が生まれるプロセスを掴むことを社会学の目的とする立場

文　献　『社会学の新しい方法規準』

メ　モ　社会はモノ(P052)と考えたデュルケームとも異なる考え

社会理論

社会には守るべき**ルール**（規範）があります。倫理的に守るべき振る舞いや慣習、あるいは言語の文法などです。**ギデンズ**はそれらを**構造**という単語で表現します。**構造**（守るべきルール）は、人が行為するときの前提条件です。ただし近代において、その**構造**は**変化**していくと**ギデンズ**は言います。

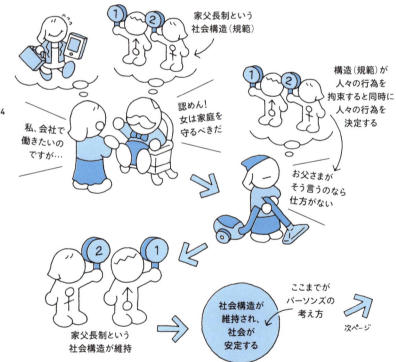

かつて**パーソンズ**は、社会には、変化しない普遍的な**構造**があると考えました（AGIL図式P126）。けれども**ギデンズ**は、社会の**構造**（守るべきルール）を**パーソンズ**のように固定的なものとして捉えません。そうではなく、人々が行為することで、その行為を決定している**構造**自体が新たに**再生産**されていくと考えます。

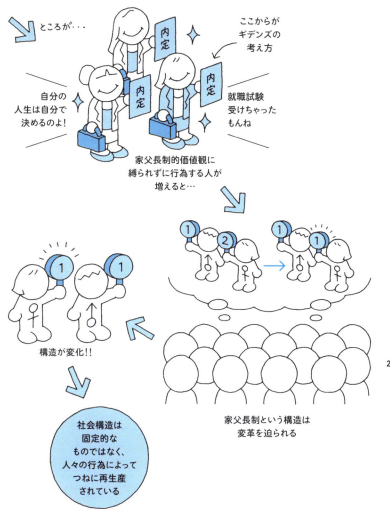

この新たな**構造**(ルール)が生まれていくプロセスを掴むことこそ、**社会学**のなすべき課題であると**ギデンズ**は考え、こうした立場を**構造化理論**と呼びました。

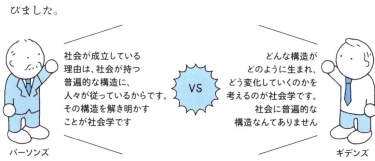

再帰的近代

▶186

意　味　再帰性(P272)が徹底された近代（みずから変化する近代）

メ　モ　ギデンズは、現代はまだ近代の枠組みの中にあると考える。そして現代をポストモダニティ（近代性の後）(P235)ではなく、ハイモダニティ（より徹底した近代性）として捉えた

社会理論

ポストモダニティ (P235)
近代性の後

ハイモダニティ
より徹底した近代性

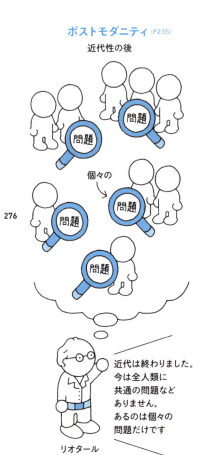

近代は終わりました。今は全人類に共通の問題などありません。あるのは個々の問題だけです

リオタール

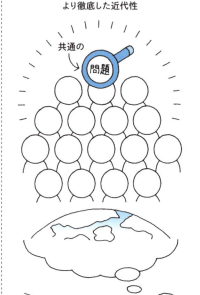

いいえ、現代はより近代性を強めています。全人類共通の問題も深刻化しています

ギデンズ　ベック

リオタール(P178)は、現代をポストモダン(P235)と捉え、近代は終焉したと考えました。けれどもギデンズとベック(P190)にとって近代は終わってはいません。彼らにとって現代は、近代の特性である再帰性(P272 過去の行為が後の自分に影響すること)をより徹底させている時代（近代が近代化する時代）です。彼らは、再帰性を特性とする近代を再帰的近代と呼びます。

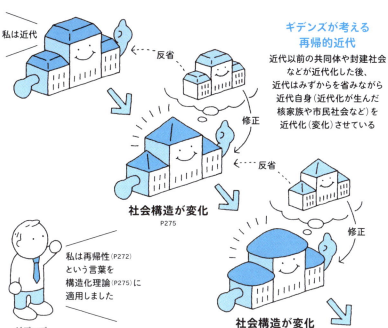

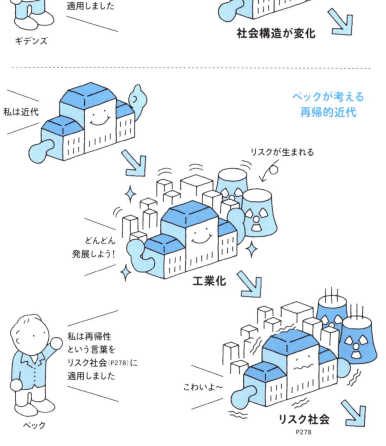

リスク社会

意　味　全人類が予測できないリスクにさらされる社会
文　献　『危険社会』
メ　モ　これからのリスクは近代科学の失敗ではなく、成功した結果生まれたものであるとベックは言う(P277も参照のこと)

原発事故に象徴されるように、高度な科学技術がもたらす**リスク**は、危険の程度を実際に**知覚**することが難しく、いつ誰に降りかかるか予測できません。現代型の**リスク**は、高い階級や特定の地域の人々だから安全であるとはいえないのです。近代化にともない、**すべての人**が**見えないリスク**にさらされていると**ベック**は主張します。

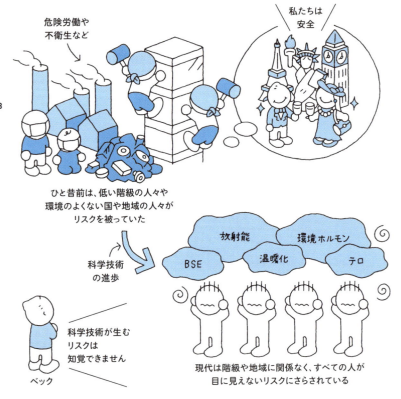

こうした**リスク社会**に対応するため、中央政府にすべてを任せるのではなく、人々が科学や技術などへの意識を高めて、それぞれの現場で問題解決の道を探る動きが台頭し始めました。**ベック**はこれを**サブ政治**と呼びます。

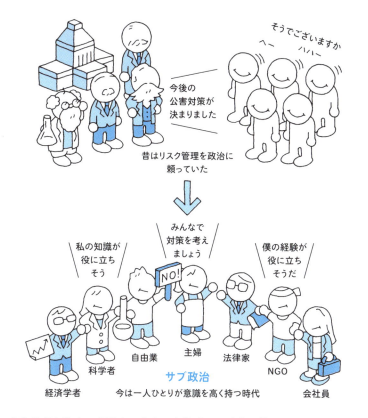

中央政府や特定の専門家に未来を丸投げする時代は終わりました。どういう世界が「善い世界」なのかをこれからは自分で考えなくてはなりません。私たち一人ひとりの価値観が、今後の世界のあり方に大きく関わっているとベックは言います。

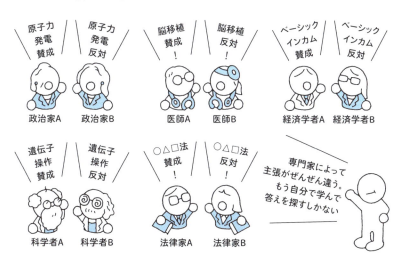

あとがき

本書は〈社会学〉に関する本なので、本書の中には「社会」という言葉が頻繁に出てきます。この言葉の多くは「ルール（規範）」を意味しています。よって本書にある「社会」という言葉の多くは「ルール」に置き換えることができます。ここでの「ルール」とは、法律はもちろん、暗黙の了解や常識、伝統、習慣、マナーなどをさします。これらのルールが人々によってごく自然に守られている世の中が、安定した世の中ということになります。共同生活を送るためには、私たちはルールを守らなくてはなりません。と同時に、忘れてはいけないのは、ルールを作ったのは私たち人間だということです。ですから普段何気なく従っているルールが「間違っている」可能性があるわけです。封建時代や先の戦時中には、反省すべきルールがあったのだと思います。イギリスの社会学者ギデンズは私たちが無意識的に従っているルールが、いつどこで、誰（どんな集団）によって、どのように生まれ、どのように定着したのか、またそのルールによって誰が得をして、誰が抑圧されているのかを読み解くことが社会学の使命だと言います。かつてアメリカの社会学者パーソンズは、持続できる社会は確固たる構造を持ち、その構造は時代によって変化することはないと主張しました。けれどもギデンズはそうは考えません。社会（ルール）とは、過去の自分たちの行動を反省しながら、自分たちで新しく変えていくものな

のです。ギデンズとともに『再帰的近代化』という本を刊行したドイツの社会学者ベックは、これからは、どんな社会（ルール）を作りたいかを中央政府や特定の専門家に任せるのではなく、私たち一人ひとりで考える時代だと言います。つまり、どんな社会が「善い社会」なのかを自分自身でイメージすることが求められます。イメージが無ければ、それを叶えようがないからです。

本書の共著者である香月孝史氏には、ほとんど監修者としての役割を引き受けてくださいました。本書が完成したのは、ひとえに香月氏のお力によるものです。この場を借りて厚くお礼を申し上げます。また、出版の機会を与えてくださったプレジデント社の中嶋愛氏にも心から感謝いたします。そして本書を出すきっかけとなった前書『哲学用語図鑑』『続・哲学用語図鑑』の監修者である斎藤哲也氏にも、改めてお礼を申し上げます。

本書をお読みくださった方に、何かひとつでも新しい気づきがあれば、大変うれしく思います。

田中正人

参考文献

※原典は本文の各タイトル用語下に「文献」として記載

ジグムント・バウマン＋ティム・メイ『社会学の考え方　第2版』奥井智之訳　筑摩書房
ピーター・L・バーガー『社会学への招待』　水野節夫・村山研一訳　筑摩書房
C・ライト・ミルズ『社会学的想像力』　伊奈正人・中村好孝訳　筑摩書房
クリスティアン・ボルフ『ニクラス・ルーマン入門　社会システム理論とは何か』庄司信訳　新泉社
アンソニー・ギデンズ『社会学　第五版』　松尾精文・西岡八郎・藤井達也・小幡正敏・立松隆介・内田健訳　而立書房

塩原勉・松原治郎・大橋幸編『社会学の基礎知識』　有斐閣
友枝敏雄・竹沢尚一郎・正村俊之・坂本佳鶴惠『社会学のエッセンス　新版補訂版　世の中のしくみを見ぬく』　有斐閣
新睦人・大村英昭・宝月誠・中野正大・中野秀一郎『社会学のあゆみ』　有斐閣
新睦人・中野秀一郎編『社会学のあゆみ　パートⅡ　新しい社会学の展開』　有斐閣
今田高俊・友枝敏雄編『社会学の基礎』　有斐閣
新睦人編『新しい社会学のあゆみ』　有斐閣
長谷川公一・浜日出夫・藤村正之・町村敬志『社会学』　有斐閣
奥村隆『社会学の歴史Ⅰ　社会という謎の系譜』　有斐閣
那須壽『クロニクル社会学　人と理論の魅力を語る』　有斐閣
盛山和夫・土場学・野宮大志郎・織田輝哉編著『〈社会〉への知／現代社会学の理論と方法（上）　理論知の現在』　勁草書房
盛山和夫・土場学・野宮大志郎・織田輝哉編著『〈社会〉への知／現代社会学の理論と方法（下）　経験知の現在』　勁草書房
上野千鶴子編『構築主義とは何か』　勁草書房
内田隆三『社会学を学ぶ』　筑摩書房
竹内洋『社会学の名著30』　筑摩書房
作田啓一・井上俊編『命題コレクション　社会学』　筑摩書房
上野俊哉・毛利嘉孝『カルチュラル・スタディーズ入門』　筑摩書房
奥井智之『社会学』　東京大学出版会
奥井智之『社会学の歴史』　東京大学出版会
船津衛・山田真茂留・浅川達人編著『21世紀社会とは何か　「現代社会学」入門』　恒星社厚生閣
佐藤勉編『コミュニケーションと社会システム　パーソンズ・ハーバーマス・ルーマン』　恒星社厚生閣
山之内靖・村上淳一・二宮宏之・佐々木毅・塩沢由典・杉山光信・姜尚中・須藤修編『岩波講座　社会科学の方法Ⅹ　社会システムと自己組織性』　岩波書店
新明正道・鈴木幸壽監修『現代社会学のエッセンス　社会学理論の歴史と展開［改訂版］』　ぺりかん社
富永健一『思想としての社会学　産業主義から社会システム理論まで』　新曜社
玉野和志編『ブリッジブック社会学［第2版］』　信山社
吉見俊哉・水越伸『メディア論』　放送大学教育振興会
本田由紀『多元化する「能力」と日本社会』　NTT出版
宮台真司・熊坂賢次・公文俊平・井庭崇編著『社会システム理論：不透明な社会を捉える知の技法』　慶應義塾大学出版会
奥村隆編『社会学になにができるか』　八千代出版

盛山和夫『叢書・現代社会学③　社会学とは何か　意味世界への探究』ミネルヴァ書房
厚東洋輔『叢書・現代社会学④　グローバリゼーション・インパクト　同時代認識のための社会学理論』　ミネルヴァ書房
佐藤俊樹『叢書・現代社会学⑤　社会学の方法　その歴史と構造』　ミネルヴァ書房
三隅一人『叢書・現代社会学⑥　社会関係資本　理論統合の挑戦』　ミネルヴァ書房

井上俊・伊藤公雄編『社会学ベーシックス１　自己・他者・関係』　世界思想社
井上俊・伊藤公雄編『社会学ベーシックス２　社会の構造と変動』　世界思想社
井上俊・伊藤公雄編『社会学ベーシックス３　文化の社会学』　世界思想社
井上俊・伊藤公雄編『社会学ベーシックス４　都市的世界』　世界思想社
井上俊・伊藤公雄編『社会学ベーシックス５　近代家族とジェンダー』　世界思想社
井上俊・伊藤公雄編『社会学ベーシックス６　メディア・情報・消費社会』　世界思想社
井上俊・伊藤公雄編『社会学ベーシックス７　ポピュラー文化』　世界思想社
井上俊・伊藤公雄編『社会学ベーシックス８　身体・セクシュアリティ・スポーツ』世界思想社
井上俊・伊藤公雄編『社会学ベーシックス９　政治・権力・公共性』　世界思想社
井上俊・伊藤公雄編『社会学ベーシックス別巻　社会学的思考』　世界思想社

井上俊・上野千鶴子・大澤真幸・見田宗介・吉見俊哉編『岩波講座　現代社会学Ⅰ　現代社会の社会学』　岩波書店
井上俊・上野千鶴子・大澤真幸・見田宗介・吉見俊哉編『岩波講座　現代社会学11　ジェンダーの社会学』　岩波書店
井上俊・上野千鶴子・大澤真幸・見田宗介・吉見俊哉編『岩波講座　現代社会学21　デザイン・モード・ファッション』　岩波書店
井上俊・上野千鶴子・大澤真幸・見田宗介・吉見俊哉編『岩波講座　現代社会学24　民族・国家・エスニシティ』　岩波書店

現代位相研究所編『フシギなくらい見えてくる！　本当にわかる社会学』　日本実業出版社
岡本裕一朗著『本当にわかる現代思想』　日本実業出版社
森下伸也『社会学がわかる事典』　日本実業出版社
栗田宣義『図解雑学　社会学』　ナツメ社
浅野智彦『図解　社会学のことが面白いほどわかる本』　中経出版

濱嶋朗・竹内郁郎・石川晃弘編『社会学小辞典』　有斐閣
廣松渉編『岩波哲学・思想事典』　岩波書店
宮島喬編『岩波小辞典　社会学』　岩波書店
今村仁司・三島憲一・川崎修編『岩波　社会思想事典』　岩波書店
大澤真幸・吉見俊哉・鷲田清一編集委員・見田宗介編集顧問『現代社会学事典』　弘文堂

TAC公務員講座編『公務員Ｖテキスト〈14〉社会学』　TAC出版
濱井修監修・小寺聡編『倫理用語集』　山川出版社
高等学校公民科倫理教科書　東京書籍／清水書院／山川出版社／数研出版

索　引

あ

- 『アート・ワールド』——180
- アーバニズム——090
- アーリ——191
- アイ（I）——087
- アイとミー——087
- 『アウトサイダーズ』——180
- アウラ——104
- アウラの凋落——105
- アソシエーション——096
- アドルノ——012
- アノミー——056
- アノミー的自殺——060
- 『アメリカ人』——123
- アリエス——123
- アルヴァックス——024
- アルチュセール——176
- アンダーソン——185
- アンペイド・ワーク——228

い

- 一般化された他者——086
- イデオロギー——045
- 『イデオロギーとユートピア』——028
- 遺伝子操作——169
- 意味学派——141
- 『幻影（イメジ）の時代』——123
- イリイチ——179
- 印象操作——198
- インセスト・タブー——156
- インテリゲンチア——111
- インナーシティ——091
- インフォーマル・グループ——093

う

- ウィトゲンシュタイン——118
- ウェーバー——022
- ヴェブレン——020
- ウォーラーステイン——183

え

- AGIL 図式——126
- エートス——073
- 液体的近代性——266
- エスニシティ——256
- エスニック・グループ——256
- エスノセントリズム——048
- 『エスノメソドロジー』——125
- エスノメソドロジー——147
- エリート——098
- エンコーディング——242
- "Encoding/Decoding"——184

お

- 大きな物語の終焉——235
- オートポイエーシス——254
- オーラ——104
- オクシデンタリズム——212
- 『男同士の絆』——192
- オピニオン・リーダー——148
- 『オリエンタリズム』——185
- オリエンタリズム——212
- オルソン——183
- オルテガ——026

か

- ガーフィンケル——125
- 階級闘争——043
- 階級分化——214
- 外集団——048
- 科学‐社会学——113
- 科学知識の社会学——113
- 鏡に映った自我——085
- カステル——188
- 価値合理的行為——075
- 価値自由——066
- 価値判断——066
- 『悲しき熱帯』——121
- 下部構造——044
- 家父長主義——237
- 『貨幣の哲学』——021
- カリスマ的支配——080
- 『観光のまなざし』——191
- 観光のまなざし——222
- 『監獄の誕生』——179
- 『監視社会』——191
- 監視社会——268
- 感情労働——232
- 環節社会——058
- 感動（感情）的行為——075
- 『管理される心』——187
- 官僚主義——079
- 官僚制——078

き

- 機械的連帯——058
- 『危険社会』——190
- 記号化——242
- 記号解読——242
- 記号的消費——244
- 疑似意識——045
- 疑似イベント——162
- 期待の相補性——250
- キツセ——177
- ギデンズ——186
- 機能主義——129
- 客我——087
- 逆機能——132
- 客体化された文化資本——215
- 境界人——092
- 『狂気の歴史』——179
- 『共産党宣言』——018
- 儀礼的無関心——199
- 『儀礼としての相互行為』——176
- 近代——030, 234
- 『近代世界システム』——183
- 『近代とはいかなる時代か？』——186

く

- 『グーテンベルクの銀河系』——122

クーリー ─── 023
グラノヴェッター ─── 189
グラムシ ─── 027
グレイザー ─── 177
『クローゼットの認識論』
─── 192
グローバル化 ─── 271
グローバルビレッジ ─── 165
軍事型社会 ─── 037
軍事的段階 ─── 035

け

『経済学・哲学草稿』─── 018
『経済学批判』─── 018
『経済と社会』─── 120
計算可能性 ─── 224
形式社会学 ─── 065
形而上学的段階 ─── 035
『啓蒙の弁証法』─── 028
ゲゼルシャフト ─── 050
結束型 ─── 248
ゲマインシャフト ─── 050
『ゲマインシャフトとゲゼルシャフト』─── 020
権威主義的パーソナリティ ─── 102
言語ゲーム ─── 153
顕在的機能 ─── 133
『現実の社会的構成』─── 181
現象学 ─── 144
現象学的社会学 ─── 145
権力 ─── 076

こ

合意 ─── 095, 202
『行為と演技』─── 176
公共圏 ─── 200
『公共性の構造転換』─── 182
『公共性の喪失』─── 190
公共性の喪失 ─── 258
構造化理論 ─── 275
構造-機能主義 ─── 129
構造主義 ─── 159
拘束された知識 ─── 111

構築主義 ─── 209
公定ナショナリズム ─── 218
高度経済成長 ─── 094
合法的支配 ─── 080
合理化 ─── 069
合理性の非合理性 ─── 224
効率性 ─── 224
コーヒーハウス ─── 200
『獄中ノート』─── 027
国民 ─── 218
誇示的閑暇 ─── 049
誇示的消費 ─── 049
個人的記憶 ─── 109
個人的消費 ─── 210
固体的近代性 ─── 266
国家 ─── 218
『国家興亡論』─── 183
国家のイデオロギー装置 ─── 204
ゴッフマン ─── 176
『孤独な群衆』─── 121
『孤独なボウリング』─── 187
『言葉と物』─── 179
〈子供〉─── 168
『〈子供〉の誕生』─── 123
〈子供〉の誕生 ─── 168
『コミュニケイション的行為の理論』─── 182
コミュニケーション的行為 ─── 202
コミュニケーション的理性 ─── 202
コミュニケーションの二段階の流れモデル ─── 148
『コミュニティ』─── 025
コミュニティ ─── 096
〈コモン〉─── 263
コント ─── 018
コントロール性 ─── 224
コンフリクト ─── 131
コンフリクト理論 ─── 131

さ

サイード ─── 185
再帰性 ─── 272

再帰的近代 ─── 276
『再生産について』─── 176
差異の原理 ─── 245
サバルタン ─── 226
『サバルタンは語ることができるか』─── 189
『サブカルチャー』─── 192
サブカルチャー ─── 240
サブ政治 ─── 278
サムナー ─── 019
産業革命 ─── 032
産業型社会 ─── 037
産業的段階 ─── 035
『産業文明における人間問題』─── 025
三段階の法則 ─── 035

し

ジェンダー ─── 238
『ジェンダー・トラブル』
─── 193
シカゴ学派 ─── 088
時間と空間の分離 ─── 270
自己呈示 ─── 198
自己本位的自殺 ─── 060
自殺 ─── 060
自殺の4類型 ─── 060
『自殺論』─── 021
自然淘汰の原理 ─── 036
実証主義 ─── 033
実証的段階 ─── 035
『実証哲学講義』─── 018
『実践感覚』─── 182
史的唯物論 ─── 047
死の権力 ─── 205
支配的位置 ─── 243
支配の3類型 ─── 080
資本家階級 ─── 040
『資本論』─── 018
シミュラークル ─── 246
『シミュラークルとシミュレーション』─── 181
シミュレーション ─── 246
自民族中心主義 ─── 048
市民的公共圏 ─── 200

社会化 — 054	『シャドウ・ワーク』— 179	スペンサー — 019
社会解体論 — 090	シャドウ・ワーク — 228	
『社会学』— 021	『自由からの逃走』— 029	**せ**
社会学 — 030	『集合行為論』— 183	
社会学主義 — 052	『集合的記憶』— 024	生活世界 — 203
『社会学的想像力』— 124	集合的記憶 — 108	生活世界の植民地化 — 203
社会学的人間 — 131	集合的消費 — 211	『生活様式としてのアーバニズム』— 029
『社会学的方法の規準』— 021	従属的社会集団 — 226	生‑権力 — 205
『社会学の新しい方法規準』— 186	集団本位的自殺 — 060	生産関係 — 038
	自由放任主義 — 036	生産手段 — 038
『社会学の基礎概念』— 022	主我 — 087	生産力 — 038
『社会学の根本問題』— 021	宿命的自殺 — 060	『精神・自我・社会』— 022
『社会学への招待』— 181	シュッツ — 118	制度化された文化資本 — 215
社会関係資本 — 248	順機能 — 132	生の権力 — 205
社会構築主義 — 209	準拠集団 — 134	『性の歴史』— 179
『社会再組織に必要な科学的作業のプラン』— 018	上位文化 — 241	生物進化論 — 036
	象徴的相互作用論 — 142	性別役割分業 — 228
社会システム — 131	『消費社会の神話と構造』— 181	世界システム論 — 221
『社会システム理論』— 180	上部構造 — 044	『セカンド・シフト』— 187
社会システム論 — 140	女性嫌悪・蔑視 — 237	セカンド・シフト — 231
社会実在論 — 063	所属集団 — 134	セジウィック — 192
社会進化論 — 037	神学的段階 — 035	世俗化 — 072
『社会静学』— 019	『人種のるつぼを越えて』— 177	セックス — 238
社会静学 — 036	神聖化 — 072	折衝的位置 — 243
社会政策 — 066	深層演技 — 232	セネット — 190
『社会体系論』— 120	『親族の基本構造』— 121	遷移地帯 — 091
社会的行為 — 074	身体 — 084	潜在的機能 — 133
『社会的行為の構造』— 120	身体化された文化資本 — 215	選択意志 — 050
社会的行為の4類型 — 075	身体技法 — 084	
社会的交換理論 — 156	身体の消失 — 269	**そ**
社会的事実 — 052	心的相互作用 — 065	
社会的性格 — 102	『シンボリック相互作用論』— 119	相関主義 — 110
『社会的世界の意味構成』— 118	シンボリック相互作用論 — 143	総合社会学 — 064
社会的ジレンマ — 233	ジンメル — 021	『総合哲学体系』— 019
社会動学 — 036		相互作用 — 063
『社会の社会』— 180	**す**	相互作用論 — 063
『社会分業論』— 021		『想像の共同体』— 185
社会名目論 — 063	スタイル — 240	想像の共同体 — 219
『社会問題の構築』— 177	スティグマ — 196	贈与 — 082
社会唯名論 — 063	スピヴァク — 189	『贈与論』— 024
社会有機体説 — 037	スペクター — 013	贈与論 — 083
『社会理論と社会構造』— 122		『Social Organization』— 023
写像理論 — 152		ソーシャルキャピタル — 248

疎外 ———— 042
ソリッド・モダニティ
———— 266

た

ダーレンドルフ ———— 125
第一次社会化 ———— 054
第一次集団 ———— 097
対抗的位置 ———— 243
『第三の道』 ———— 186
大衆 ———— 098
大衆主義 ———— 098
『大衆の反逆』 ———— 026
大衆の反逆 ———— 099
大衆文化 ———— 241
第二次社会化 ———— 054
第二次集団 ———— 097
第二次的接触 ———— 090
『第二の性』 ———— 120
第二の性 ———— 170
代理母出産 ———— 169
対話的理性 ———— 202
脱埋め込み ———— 271
『脱学校の社会』 ———— 179
脱呪術化 ———— 069
『脱病院化社会』 ———— 179
他人指向型 ———— 150
ダブル・コンティンジェンシー ———— 250
多文化主義 ———— 257

ち

知識社会学 ———— 111
知識人 ———— 111
『知の考古学』 ———— 179
中心業務地帯 ———— 091
中範囲の理論 ———— 139
中流階級住宅地帯 ———— 091

つ

通勤者住宅地帯 ———— 091
強い紐帯 ———— 217

て

『〈帝国〉』 ———— 184, 193
〈帝国〉 ———— 261
『ディスタンクシオン』
———— 182
適応 ———— 126
適者生存 ———— 037
デコーディング ———— 242
デザイナーベイビー ———— 169
『哲学探究』 ———— 118
デュルケーム ———— 021
デュルケーム学派 ———— 052
『転職』 ———— 189
伝統指向型 ———— 150
伝統的行為 ———— 075
伝統的支配 ———— 080
テンニース ———— 020

と

道具的理性 ———— 101
統合 ———— 126
同心円状 ———— 091
同心円モデル ———— 091
同性愛者嫌悪 ———— 237
『都市』 ———— 023
都市 ———— 088
都市社会運動 ———— 211
都市社会学 ———— 088
都市的生活様式 ———— 090
『都市問題』 ———— 188
ドラマツルギー ———— 198
『ドン・キホーテをめぐる思索』 ———— 026

な

内集団 ———— 048
内部指向型 ———— 150
ナチズム ———— 102
南北問題 ———— 220

に

人間生態学 ———— 091

人間疎外 ———— 079
人間の拡張 ———— 166

ね

ネグリ ———— 184

の

ノイズからの秩序形成
———— 251

は

バーガー ———— 181
パーク ———— 023
バージェス ———— 026
『パーソナル・インフルエンス』 ———— 119
パーソンズ ———— 120
ハート ———— 193
ハーバーマス ———— 182
バーンアウト ———— 232
ハイカルチャー ———— 241
『排除型社会』 ———— 188
排除型社会 ———— 265
ハイパー・メリトクラシー
———— 160
ハイパーリアル ———— 247
ハイモダニティ ———— 276
バウマン ———— 178
『パサージュ論』 ———— 027, 106
橋渡し型 ———— 248
パターナリズム ———— 237
『発達仮説』 ———— 019
パットナム ———— 187
バトラー ———— 193
パノプティコン ———— 206
パノプティコン効果 ———— 207
ハビトゥス ———— 216
パラダイムシフト ———— 112
『パワー・エリート』 ———— 124
パワーエリート ———— 154

ひ

批判理論 ——— 101
『Human Nature and the Social Order』——— 023
表層演技 ——— 232

ふ

ファースト・シフト ——— 231
ブーアスティン ——— 123
フーコー ——— 179
フェミニズム ——— 171
『フォークウェイズ』——— 019
フォーディズム ——— 094
フォード主義 ——— 094
フォーマル・グループ ——— 093
複合性の増大 ——— 252
複雑性 ——— 252
複雑性の縮減 ——— 252
『複製技術時代の芸術』——— 027
フランクフルト学派 ——— 100
フリーライダー ——— 233
ブルーマー ——— 119
ブルジョアジー ——— 040
ブルデュー ——— 182
プロテスタンティズム ——— 070
『プロテスタンティズムの倫理と資本主義の精神』——— 022
フロム ——— 029
プロレタリアート ——— 040
文化資本 ——— 214
文化相対主義 ——— 257
文化的再生産 ——— 215
分業 ——— 058
分業社会 ——— 058

へ

ヘゲモニー ——— 095
ベッカー ——— 180
ベック ——— 190
ヘテロセクシャル ——— 236
ヘテロソーシャル ——— 236
ヘブディジ ——— 192
ベンヤミン ——— 027
返礼 ——— 082

ほ

法学的段階 ——— 035
包摂型社会 ——— 264
方法論的関係主義 ——— 062
方法論的個人主義 ——— 062
方法論的集合主義 ——— 062
暴力装置 ——— 077
暴力の独占 ——— 076
ボーヴォワール ——— 120
ホーソーン実験 ——— 093
ボードリヤール ——— 181
ホール ——— 184
ポスト・パノプティコン ——— 266
ポスト・フォーディズム ——— 094
ポストモダン ——— 235
『ポストモダンの条件』——— 178
ホックシールド ——— 187
ポップカルチャー ——— 241
ポピュリズム ——— 098
ホモセクシャル ——— 236
ホモソーシャル ——— 236
ホモ・ソシオロジクス ——— 131
ホモフォビア ——— 237
ホルクハイマー ——— 028
『ホワイト・カラー』——— 124
本質意志 ——— 050

ま

マージナルマン ——— 092
マートン ——— 122
マクドナルド化 ——— 224
『マクドナルド化する社会』——— 186
マクルーハン ——— 122
マクロ社会学 ——— 140
マッキーヴァー ——— 025
まなざし論 ——— 222
マルクス ——— 018
『マルクスのために』——— 176
『マルチチュード』184, 193
マルチチュード ——— 263
マンハイム ——— 028

み

ミー（me）——— 087
ミード ——— 022
ミクロ社会学 ——— 141
ミソジニー ——— 237
ミルズ ——— 124

む

『無秩序の活用』——— 190

め

メイヨー ——— 025
メインカルチャー ——— 241
メディアはメッセージ ——— 164
『メディア論』——— 122
『メリトクラシー』——— 124
メリトクラシー ——— 160

も

モース ——— 024
目的合理的行為 ——— 075
目標達成 ——— 126
モダニティ ——— 234

や

役割距離 ——— 199
役割取得 ——— 086
『野生の思考』——— 121
ヤング、ジョック ——— 188
ヤング、マイケル ——— 124

ゆ

唯物史観 ——— 047
有閑階級 ——— 049
『有閑階級の理論』——— 020
有機的連帯 ——— 058
『ユートピアからの脱出』
——— 125
『ユダヤ人問題の原型・ゲットー』——— 029

よ

予言の自己成就 ——— 137
予測可能性 ——— 224
予定説 ——— 070
弱い紐帯 ——— 217

ら

ライアン ——— 191
ラザースフェルド ——— 119
ラベリング ——— 194
ラベリング理論 ——— 194

り

リースマン ——— 121
リオタール ——— 178
理解社会学 ——— 074
『リキッド・モダニティ』
——— 178
リキッド・モダニティ
——— 266
リスク社会 ——— 278
リッツァ ——— 186
理念型 ——— 068
理論社会学 ——— 112

る

類的存在 ——— 042
ルーマン ——— 180
ルックマン ——— 013

れ

レヴィ＝ストロース ——— 121
連字符社会学 ——— 113

ろ

労働者階級 ——— 040
労働者住宅地帯 ——— 091
『論理哲学論考』——— 118

わ

ワース ——— 029

編集・著 田中正人
1970年生まれ。ロンドン芸術大学ロンドンカレッジ・オブ・コミュニケーション卒業。MORNING GARDEN INC.において、グラフィックをメインとした書籍の執筆・編集・製作を行う。著書に『哲学用語図鑑』『続・哲学用語図鑑』(プレジデント社)などがある。2011年グッドデザイン賞受賞。

著 香月孝史
1980年生まれ。東京大学大学院学際情報学府博士課程単位取得退学。専攻は文化社会学。ポピュラー文化を中心にライティング・批評を手がける。著書に『「アイドル」の読み方 混乱する「語り」を問う』(青弓社)。

社会学用語図鑑

2019年3月5日 第1刷発行
2024年10月5日 第4刷発行

編集・著	田中正人
著	香月孝史
発行人	鈴木勝彦
発行所	株式会社プレジデント社
	〒102-8641
	東京都千代田区平河町2-16-1
	電話 編集(03)3237-3732
	販売(03)3237-3731

イラストレーション
　　　　タッチ・フィニッシュワーク(ペン入れ)
　　　　渡辺麻由子(MORNING GARDEN INC.)
　　　　ディレクション・コンテ(ネーム)・カラー
　　　　田中正人(MORNING GARDEN INC.)

ブックデザイン 田中正人(MORNING GARDEN INC.)

製　作	中嶋 愛
制　作	関 結香
販　売	桂木栄一　高橋 徹　川井田美景
	森田 巌　末吉秀樹
印刷所	TOPPAN株式会社

ISBN 978-4-8334-2311-3
©2019 Masato Tanaka　Printed in Japan